JN099455

給食を通じた教育で子どもたちが学んだこと

旧久美浜町・川上小学校の〝給食教育〟が残したもの

和井田 結佳子

農文協

目次

第Ⅱ部　川上小学校の〝給食教育〟で子どもたちは何を学んだのか

はじめにかえて——わたしが川上小学校にたどりつくまで

まず、本研究を始めたきっかけを述べておきたい。

私は2016年頃、大学の客員研究員として公衆栄養学（学校や地域などの集団を対象とした栄養学）の研究室に籍を置き、「学校給食」について検討を始めていた。たとえば、栄養バランスに優れた給食献立のパターンにはどのようなものがあるか、などである。ただし、公衆栄養学的に意義のある研究とするためには、栄養バランスの優れた献立パターンや献立作成方法を検討するだけでなく、実際に子どもたちがそのような優れた献立の給食を食べて、健康になるのかどうかまで検証しなければならない。長い道のりになりそうだが、学校栄養士として献立をたてた経験のある私にとっては、大変興味深くやり甲斐のあるテーマであった。その過程で、あることに気づいた。

一定以上の年齢の人と給食の思い出話で盛り上がると、「いつもコッペパンだった」「脱脂粉乳だった」ということに始まり、1980年代生まれの私とはまったく違う（私にとっては〝一風変わった〟とすら思える）、給食のエピソードが語られる。それについて、当初は「昔の給食は、私の頃のとはずいぶん違う」としか思っていなかった。だが、研究の過程で給食の歴史を遡るうち、

1954年に学校給食法が成立して以降、1976年に米を主食とする米飯給食が正式に認められるまで「パン給食が基本とされていた」という事実に行きあたった。

子どもたちの毎日のお昼ご飯の主食が「パン」であったのか「米」であったのかという事実は、栄養の検討をする際には重要な違いとなる。パンと米、どちらを主食とするかによって、1食当たりの栄養バランスは、必然的に変わってくる可能性があるからである。

パンは米と比べて脂質が多く含まれている。また、味の相性や食文化的観点からもパンに合うおかずはハンバーグやシチューなどの洋風の料理が多く、それらの料理は和食よりも脂質が多くなる傾向がある。その代わりに、たんぱく質が十分に摂取できる献立が多いこと、和食の献立では不足しがちな栄養素が補えることなどの利点もある。

では、かつては本当に日本全国どこもかしこもパン給食だったのだろうか。さらに調査を進める中で、このような記述を見つけた。

> 当初から「ごはん給食」を実施した米どころの千葉県松尾町や京都府久美浜町などがあります。(中略)これらの地域では、農民の自主的な要求で、農業を守り子どもの食を守る給食が実施されました。京都府久美浜町の川上小学校ではこの当時から(中略)食と農と教育を結ぶ学校給食の実践を行なっています。
>
> 雨宮正子(1992)『学校給食』より[*1]

ここから、「当初」全国どこもかしこもパン給食であった中で、千葉県松尾町と京都府久美浜町の川上小学校だけは「ごはん給食」を実施していたと理解できる。それだけでなく、川上小学校においては「食と農と教育を結ぶ学校給食の実践」があったと書かれており、ますます興味深い。川上小学校ではなぜパン給食を実施しなかったのか、その理由を調べたいと思い、京丹後市教育委員会にメールで問い合わせた。

すると、「川上小学校で米飯給食が始まったのは昭和51年だと聞いております。」の一文と共に、当時の調理員さんにお話を聞くことができるとお返事をもらえた。昭和51年は1976年、つまりは日本で正式に米飯給食が導入された年である。となると、やはり、1976年以前はどこもかしこもパン給食だったのだろうか。ひとまず、調査に赴くこととした。

しかし、さらに連絡を取り合ううちに、考えもしない展開となっていく。「調理員をされていた方が、当時、教頭、教諭をされていた方に声をかけてくださいまして一緒に話を聞かせていただくことになりました」とメールが届き、インタビューに、当時の調理員さんだけでなく、当時の担任教諭、当時の教頭先生までもが参加すると言うのだ。どのような給食を作っていたのかや、ごはん給食への思い、食材調達の方法などを聞こうと思っていたが、当時の〝先生方〟に、私は何を尋ねればよいのだろうか、せっかくお越しいただくのにまともな質問がないと失礼になる……と、大慌てで研究説明のプレゼンテーションや追加の質問を用意した。この時すでに、「どうしよう、教育がご専門の先生方に何をお尋ねしよう」と悩む私と、「給食のことなら、先生たちを抜きには話せない」と考えていた当時の調理員さんとの間で、学校給食が何であるかの根本的な理解の違いがあったのだ。

２０１６年10月24日インタビュー当日、案内されたのは元教頭・渋谷忠男先生のご自宅だった。久しぶりに集まったという皆さんが親しげに談笑され、渋谷先生のご自宅リビングからは悠々たる佳景が望める。そこには、おいしいお茶とお茶菓子がならんだ。外部研究者である私も温かく迎え入れていただき、なんだかとっても居心地が良い……と感じる中で、インタビューを始めた。インタビューの内容は第Ⅱ部で詳しく紹介するが、このインタビューが私の研究人生における決定的な〝とき〟になる。それはまさに、学校給食研究の土台が栄養学から教育学へと転換する〝とき〟であったのだ。

本研究は、「栄養学としての給食」から出発した一人の研究者が、「教育学としての給食」へと思いをあらため、深めた道筋でもある。このように書くと、栄養学を軽視しているように聞こえるかもしれない。だが、決してそうではない。栄養学で明らかにされた科学的事実はとても重要で、最後にはその根拠ある事実こそが人の命を救う。私たちはその価値を「江戸わずらい（脚気）」の歴史から重々学んでいるはずだ。脚気の原因が米ぬかに含まれるビタミンB_1欠乏であるとわかるまで、季節や職業、社会階層によって罹患しやすさが違ったこの病気[*2]は、「江戸」「米食」「階層」「病原菌」などに関するあらゆる憶測と偏見を生んだであろうし、実際に多くの命が失われた。まさか精米することで失われた栄養素が原因であるとは。私たちは身近な食について、その健康との関係を正しく知る必要がある。

ただし、「学校給食」は、子どもたちにとって日々の食事の場であると同時に、教育の場でもある。病院のように、治療や訓練を目的とする場ではないのだ。〝どのようにして、どのような方向へ、子どもたちを育む〟のか。「学校給食」という場で。これを考えるために、教育学が必要なのである。

栄養学も教育学も、子どもたちの幸せと健やかな育ちを目指すものであり、勝手かもしれないが私は、両者は相性の良い学問だと考えている。

本書は「教育としての給食とはいったい何だろうか?」という、私なりの「給食の本質」に立ち戻って考え、調査し、走り回った、一研究者の苦闘の記録として読んでいただければ幸いである。そして、小学校の先生や栄養教諭はもちろんのこと、「給食指導」というものや学校給食の在り方に疑問をもつ、学校現場の方々や保護者の皆さん（おじいちゃん・おばあちゃんを含む）にこそ、本書を手に取っていただき、自分なりの「給食論」を考えるきっかけにしていただければ幸いである。

註

＊1　雨宮正子（1992）、学校給食、新日本出版社、61－62頁。

＊2　ウォルター・グラットザー著・水上茂樹訳（2008）、栄養学の歴史、講談社、62頁。

序章　学校給食の教育的意義を問い直す

1　「食べること」と「学ぶこと」がかさなる学校給食

日本の学校給食は、すべての子どもに十分な食事を提供するためのシステムとして着実に進歩してきた。子どもたちが家庭では十分に摂取できていない栄養素を学校給食は補う役割を担うだけでなく、家庭の状況等によって子どもの間で日常的に生じている栄養格差を是正していたことがわかっている。[*1] [*2、3] 他国と比べて日本は肥満児の割合が低く、[*4] 栄養バランスがよく検討され管理されている学校給食が子どもたちの健康に寄与している可能性があるのではないかと言われている。[*5] [*6] このように日本の給食は、栄養政策として、十分に高く評価されるべきところにある。

栄養政策として成功しながらその一方で、「教育の一環として」実施されるものとしたのが日本の学校給食の特徴でもある。2005年4月1日には栄養教諭制度が開始され、小学校に〝給食の先生〟とも言える栄養教諭が配置されるようになった。同年6月17日に公布された食育基本法を根拠とした食育が重要であるとされ、給食を「教材として活用」した教科活動等の実施がもとめられるようになり、給食の手引[*7]には具体的な授業例が紹介されている。日本の学校給食は、教育としての役割が果たされるように環境を整えられてきた。

そのような中でなぜ、給食の教育的意義が問題となるのだろうか。いまさら何を問い直さなければならないというのか。実は食事の時間を通じた教育という特殊な状況について、その方法や内容、実践理論はこれまで十分に議論・検討されてこなかった。そして何よりも、学ぶ側としての子どもの事実[*8]がほとんど明らかにされていないことは問題であると言える。実際に日本では、給食指導におけるネガティブな出来事も多く発生している。高澤・小林（2019）は不適切な指導でPTSDとなってしまった事例を紹介しており[*9]、新村（1983）はそのような状況について「食の私事性という人権の侵害となります[*10]」と述べている。理想的な食習慣や給食の背景にある自然や作り手について、給食を通じて教えてあげたい、食に関する知識だけでなく判断力もつけてほしい、そういった願いは学校給食法の給食目標に掲げられており、教員もそれを目指すことは心得ている。しかし、どのような給食実践によってそれらが達成されるのか、また、本当に子どもたちは食事の時間を通じた教育によってそれらを学ぶのか、そういったことが十分に議論されてこなかったのである。

学校給食の時間は、子どもたちにとって「食べる」時間でありながら、「学ぶ」時間であると位置づけられている。「食べること」と「学ぶこと」が、かさなる時間である。

2　問題の所在

「食べること」と「学ぶこと」がかさなる場としての学校給食をみると、これまでの学校給食研究には次の3つの問題があると言える。

(ア) 給食の指導理論が十分に検討されていない。

日本の学校給食は教育に位置付けられる。「食に関する指導の手引――第二次改訂版」においては、給食時間中に行われる指導を「給食指導（配膳方法や食事マナー等の指導）」と「食に関する指導（献立を通じた産地・栄養等を学習させるなど、献立を教材とした指導）」の2つに分けて示し[*11]、箸の持ち方や食器の位置、献立を通じた食品の産地や栄養的な学びを指導することと明確に示している[*12]。それにもかかわらず、実際には教員養成課程の教育実習関連科目において給食や給食指導は十分に扱われていないことを鈴木（2017）[*13]は指摘している。そのために、給食指導方法は教員によって違うことが、原・河村ら（2014）[*14]の調査で明らかにされている。新保ら（2017）の調査によると、教員が給食指導の参考にしているのは「自分自身が家庭で受けた教育（59・6%）」が最も多くなっており[*15]、筆者ら（2021）の調査でも「身近な教員」「学校栄養士」など職場に依る回答が多く、指導理論を教授される場であるはずの「会議・研修」「大学」をもとに指導を行う教員は少数であった。[*16] このような指導理論不在の状態が、「食の私事性という人権の侵害」[*17]となり、子どもを不幸にさせてしまう不適切な指導を生じさせる原因にもなっている。[*18] 給食指導理論の検討は給食研究における急務である。

（イ）給食に求められる教育効果が、実際の給食時間等を通じたどのような実践でどのように達成されるのかが十分に検討されていない。

学校給食法には、７つの教育目標が掲げられている。しかし、それらの教育効果がどのような教育実践によってどのように達成されるのか、これまで十分に検討されてこなかった。学校給食は教育に位置付くとされながらも、これまで「食べること」ばかりに注目が集まり、「学ぶこと」としての給食がどのようにあるべきかが十分に認識されてこなかったためである。研究におけるこのような認識・検討の不十分さが給食指導理論の不在につながっている。学校給食は教育活動であり、給食指導は他の教科教育と同様に、教育理論の上に成立するものでなければならない。そのために必要なのが、どのような実践でどのように教育効果が達成されるのかを検討する、教育実践研究である。

（ウ）食べ手であり、学び手である子どもの気持ちに立脚した検討がなされてきたとは言えない。

これまでの給食研究における最大の問題は、この３点目にある。外山（２０００）は子どもの観察を通じて、子どもが食事場面に対して持つ、大人では想定しにくい新たな意味〝友人とのやりとりの場としてもつ〟ことを発見した。[*19] しかし、このような子ども側から見えてくる給食の事実、学校給食における〝子どもの自然〟を探求した研究はまだ少ない。子どもの自然を探求する、つまり、学校給食においても子どもの視点に立った事実を探る研究がなされなければならない。

これら3つの問題の所在をふまえ、「学ぶこと」だけでなく「食べること」でもある学校給食において、子どもの学びを大切に考え、学校給食の教育的意義は何であるかを論じたい。なお、本研究では小学校の給食を中心に扱う。

3　本書の構成

前述の論点を踏まえた本書のねらいは、1970〜1980年代にかけて実施された1つの小学校の〝給食教育〟に着目し、それがどのような実践で、卒業生にどのような学びがあったのかを丁寧に掘り下げることで、今後の給食の議論に一石を投じることである。議論の例を挙げると、食を通じた教育を行うとき、それは子どもたちを傷つけるシステムになっていないか？　本来伝えたいことと矛盾しない給食システム、教育体制になっているか？　食を通じた教育としての意義は十分に果たされていると言えるか？　といったことである。そして、学校給食や教育の議論、及び今の大人である自分たちの振る舞いが、子どもの幸せ、子ども自身の未来と未来社会の幸せをどこまでとらえたものになっているのか、そういった議論のきっかけにしたい。

本書の構成は次の通りである。第Ⅰ部では、学校給食を教育として位置付けた日本の歩みがどのようなものであったかを振り返る。ここでは、第Ⅱ部で扱う〝給食教育〟がどのような時代において行われたものなのか、その前提や背景をおさえておきたい。「食育」という言葉そのものが一般的でなかっただけでなく、給食の内容も違い、栄養教諭もいなかった時代がある。第1章で給食の歴史、第2章で給食・食教育に関する用語、第3章で給食の位置付けと変遷に関して論じた後、第4章において本研究で扱う学校給食と「子どもの学び」とは何かを述べる。

第Ⅱ部では、本研究の主たる結果を論じる。第5章から第8章において1976～1987年の京都府旧久美浜町川上小学校における給食教育の実践がどのようなものであったかを紹介し、第9章と第10章において当時小学生だった卒業生が給食を通じてどのような学びを得たかを明らかにする。終章では、本研究から得られた知見をまとめる。なお、第1章は2022年出版[*20]の論文を元に構成している。

註

＊1　野末みほ・Kyungyul Jun・石原洋子・武田安子・永井成美・由田克士・石田裕美（２０１０）、小学5年生の学校給食のある日とない日の食事摂取量と食事区分別の比較、榮養學雑誌68（5）、２９８－３０８頁。

＊2　Yamaguchi, M., Kondo, N., Hashimoto, H. (2018). Universal school lunch programme closes a socioeconomic gap in fruit and vegetable intakes among school children in Japan. *Eur J Public Health*, 28(4), 636-641.

＊3　Horikawa, C., Murayama, N., Ishida, H., Yamamoto, T., Hazano, S., Nakanishi, A., Arai, Y., Nozue, M., Yoshioka, Y., Saito, S., Abe, A. (2020). Nutrient adequacy of Japanese schoolchildren on days with and without a school lunch by household income. *Food & nutrition Research*, 11, 64.

＊4　United Nations International Children's Emergency Fund (UNICEF). (2019, October). The state of the world's children 2019 Children, *food and nutrition*, 48-49.
https://www.unicef.org/reports/state-of-worlds-children-2019（取得日２０２３年12月22日）

＊5　Morimoto, K., Miyahara, K. (2018). Nutritional Management Implemented at School Lunch Programs in Japan Based on the Changes in Criteria for Provision of School Lunches. *The Japanese Journal of Nutrition and Dietetics*, 76, Issue Supplement, S23-S37.

＊6　２０１９年当時、ユニセフ本部栄養部門上席アドバイザーのローランド・クプカ氏は、日本の学校給食が子どもたちの健康に寄与している可能性に触れた。
https://www.unicef.or.jp/news/2019/0143.html（取得日２０２３年12月22日）

＊7　文部科学省（２０１９）、食に関する指導の手引──第二次改訂版（H31）、２２５－２２７頁。
https://www.mext.go.jp/a_menu/sports/syokuiku/1292952.htm（取得日２０２３年12月22日）

＊8　和井田結佳子・河村美穂（２０２０）、学校給食が関わる教育活動の研究レビュー、日本家政学会誌、71（9）、５８５頁。筆者らは２０２０年のレビュー論文において、学習者側が給食から何を学んでいるのか等を詳細に調べた研究がないことを

指摘した。

＊9　高澤光・小林真（２０１９）、小学校における給食指導の問題点——事例研究と調査研究に基づく小学校での食育に関する提言——、富山大学人間発達科学部紀要、Ｖｏｌ・14、Ｎｏ・１、11－22頁。

＊10　新村洋史編著（１９８３）、食と人間形成——教育としての学校給食、青木書店、２２４頁。

＊11　註７に同じ、２２３頁。

＊12　註７に同じ、２２３－２２５頁。

＊13　鈴木洋子（２０１７）、教員養成系大学における教育実習事前指導等での給食指導の扱い、奈良教育大学次世代教員養成センター研究紀要、Ｖｏｌ・３、２０３－２０７頁。

＊14　原千尋・河村美穂（２０１４）、小学校低学年における給食指導の特徴〈教育科学〉、埼玉大学紀要、教育学部、Ｖｏｌ・63、Ｎｏ・１、47－57頁。

＊15　新保みさ・福岡景奈・赤松利恵（２０１７）、小学校における学級担任による給食指導——栄養教諭・学校栄養職員と相談している教員の特徴——、日本健康教育学会誌、Ｖｏｌ・25、Ｎｏ・１、12－20頁。

＊16　和井田結佳子・小林瑠衣・河村美穂（２０２１）、給食指導の実態及び小学校教員の意識調査——埼玉県Ｑ市における質問紙調査から——、日本家政学会誌、72（10）、６７３－６８５頁。

＊17　註10に同じ。

＊18　註９に同じ。

＊19　外山紀子（２０００）幼稚園の食事場面における子どもたちのやりとり——社会的意味の検討——、教育心理学研究48（２）、１９２－２０２頁。

＊20　Waida, Y., Kawamura, M. (2022). Japanese school lunch and food education -130-year history and educational significance. *"School Food, Equity and Social Justice -Critical Reflections and Perspectives"*, Routledge. 169 - 184.

第Ⅰ部

教育として位置付く日本の学校給食

第1章　日本における給食の歴史

学校給食が教育として子どもたちにどのような意味をもたらしてきたのかという視点から、約130年[*1]にわたる日本の学校給食の歴史を5つ[*2]に分けて説明したい。

1　救済期――苦境にある子どもたちのための給食　1889〜1953年

給食の始まりに関して日本には少なくとも2つの捉え方がある。1つは、〝就学奨励・子どもたちを学校に来させるための給食〟とする捉え方であり、もう1つは土屋・佐藤（2012）による、〝困窮する子どもに様々な手が差し伸べられることで始まる学校給食[*3]〟という捉え方である。後者は、同じ年齢の子どもたちが学校に集まることによって、初めて可視化される子どもの暮らしの課題があり、その場に居合わせた大人が救いの手を差し伸べることによって始まったという意味である。日本の最初の給食として最もよく知られているのは、山形県鶴岡市忠愛小学校で１８８９年頃[*4]に貧困救済のために提供された食事である。ここに、１８８９年当時忠愛小学校を出入りしていたという豆腐屋の妻が寺の住職に話したエピソードがある。

忠愛学校は本堂の左側二間を使っていた。最初、生徒のうち、毎日昼飯をたべないものが数人いた。先生が不思議に思って調べてみると、生徒同志から弁当を盗まれていることがわかった。しかも弁当を盗る子どもの家庭は極度に貧困で三度の食事にも事欠くものがいた。これを放任しておくと、弁当盗難事故がふえる傾向にあるので、食に困っているものに、ひそかに昼食を与えることにした。そして度々は、行乞による施米で、全部の子どもに大供養をやったものである。

『山形県　学校給食１００年のあゆみ』より[*5]

貧困児童のみを対象とした給食は、当時の子どもの気持ちに配慮し、誰に給食が配給されているか、ほかの児童にはわからないようにこっそりと渡されていた。教育の普及と学校給食の誕生は必然的に結びつくものだったとも考えられる。

貧困児童のみを対象として始まった給食だったが、人々はしばらくすると、児童が栄養失調に陥る理由は貧困だけでないことに気づいてゆく。貧困以外の理由で栄養失調となっている児童も救済すべきだという声の高まりとともに、１９３２年９月７日、「学校給食臨時施設方法」が公布された。日本で初めて国庫補助による給食を実施することで、給食を受けられる児童を貧困児童だけでなく、欠食児童（学校に弁当を持ってこられない児童）にも拡充した。[*6] しかしこの方法も、すべての児童を救えたわけではなかった。日本栄養学の始まりに貢献した佐伯（１９３２）は、次のような意見書を出した。[*7] そこには「（貧困児童と）欠食児童のみに対する給食は児童に対し精神的に好ましからざる影響を与える」[*8] とあり、食べられる子と食べられない子がいる状態が児童の精神に悪い影響を与えることを危惧している。さらに「全校児童に給食を行い、その有料給食中に欠食児童を含めるのが最も良い方法である」[*9] と説いた。[*10] ようやく１９４０年に「学校給食奨励規程」が公布され、この時に初めて、「偏食児童」「その他必要な児童」も給食の対象となる。[*11]

しかし日本は第二次世界大戦へ没入し、樹下（１９７０）によれば「戦争がシナ事変から大東亜戦争にエスカレートしていくころになると、食糧事情が悪化し、『給食奨励規程』も事実上、なきにひとしくなり、学校給食も自滅せざるを得なくなった」[*12] という。１９４０（昭和15）年から敗戦までの間、小学校の給食はどのような光景だったのだろうか。ここで、京都府旧久美浜町川上小学校における１９４０（昭和15）年から１９４５（昭和20）年の記録を見てみたい。

昭和十六年四月より、川上尋常高等小学校は川上国民学校と改称された。同年十二月八日、太平洋戦争に突入し、まさに戦争一色の教育が行われたのである。

（略）

生産教育

昭和十八年、川上国民学校は産業教育の研究発表を行った。それは農根精神を基本にすえるものであった。高等科、並びに尋常科五、六年生は水源地の開墾にはげみ、又遠い奥の山で炭を焼き、近くの田圃を借りて稲を作り、家畜の飼育（兎、緬羊、鶏、あひる等）に懸命になった。緬羊は一、二頭だったが、他は何十頭という数だった。雨天体操場と便所と北校舎に囲まれた空地と軒下を利用して、兎、緬羊、鶏を飼い、両側の小川に堰を立て（略）あひるを泳がせた。あひるが泳いだりもぐったり、あいきょうのある歩き方でグャアグャアと歩く有様は、まことにほほえましいものがあった。

中、低学年もそれなりに増産を目ざして頑張った。家で孟宗竹のシャベルを作ってもらい、農耕訓練、農作物（大根、人参、さつまいも、南瓜など）の生産に力を入れ、観察記録を絵と文にして表を作るなど、放課後おそくまで特別活動を行い、学習目標の達成につとめた。

『川上百年史』１９７５年より[*13]

小学校に通う子どもたちが『生産教育』という名のもと、本格的に農作業、食料生産に動員されることになる。文章からは、動員なのか、教育なのか、読み手に問うものが感じられる。同時期の１９４０（昭和15）年に次のような記録がある。「米穀に関しては管理米制度が実施され、一人三合平均を以て一年間の消費量を決定し、地方長官の許可を受けることとなり、残余はすべて供出する規定なり。木炭も燃料不足の応急対策として増産割当を受ける。木炭も配給制度になり、自家用一人一年二十四貫目と認可[*14]」。そして、食料を生産する地も厳しい食料難がおとずれる。

勝つために、国の産業はすべて軍事産業に重点がおかれ、百姓は米の割当供出を迫られ、作っても食べるだけの保有米を残すことが許されなくて、農民にさえ食糧難が襲っていた。町民は更に痛手が大きく、飢を凌ぐために大きなリュックサックを背負って、遠く農村へ買い出しに出向いた。高価なものとの物々交換もあった。こうした状況は年を追って深刻になり、終戦まで続いた。深刻な品物不足の中で、教師の月給は闇のさつま芋一貫め、麦一升しか買えない状態だった。教師達はこれに耐えて、教育の仕事をした。栄養失調と過労のため命を失った教師もあった。

食糧を増産することはまさに死活の問題であって、十九年になると大勢の兵隊が校長住宅や学校の雨天体操場に泊り、各部落に出向いて開墾をした。お米のご飯を銀めしといい、中々口に入らない時で、非農家の者は、お粥や、じゃがいも、「ろくとう」が常食だった。

『川上百年史』１９７５年より[*15]

川上小学校においては、１９４０年に至るまでに、母親たちによる冬期のみそ汁給食が行われていた。しかし戦争の混乱が押し寄せ、生産した食糧は吸い上げられ、給食の光景は消え、教員が栄養失調と過労で命を落とすほどの地獄となった。

１９４５年に敗戦を迎え、人々の生活や教育現場は荒廃した。家族を失った多くの子どもが焼け出された。春原（１９４６）は、「戦後食糧事情はますます急迫を告げ[*16]」ていると報告し、実際に１９４６年頃の調査結果からは、多くの子どもがその日に食べるものもなく、一刻も早く救済されなければならない状況にあったことがわかる。[*17]教員らは子どもたちに食べ物が行き渡るよう、必死で動いた。そのような中で、東京の教員がＧＨＱに掛け合ったことをきっかけとし、教員らの必死の呼びかけで海外からの食料援助が実現したという。[*18]海外から寄せられた多くの食糧支援は、１９４７年から１９４９年の間、日本の子どもの約半数に対する無償給食実施を実現した。給食を作ったのはボランティアの母親らであった。[*19]海外からの支援には、ララ物資（LARA: Licensed Agencies for Relief in Asia　アジア救援公認団体）の供給（１９４７年）[*20]、ユニセフ（国際連合児童基金）からミルクの寄贈（１９４９〜１９５０、１９５２年）、ガリオア資金（占領地域救済政府資金 Government and Relief in Occupied Areas Fund）（１９５０〜１９５１年[*21]）、「米国余剰農産物に関する日米協定等」の調印による小麦粉やミルクなどの支援（１９５６年）があった。[*22]しかし、１９５１年にガリオア資金が打ち切られた際、学校給食は中止の危機に陥る。もともと勉学に励むどころでなく栄養失調の子どもたちが集まる学校において、教員は給食の打ち切りに憤慨した。[*23]学校給食の継続を要望する運動が全国的に展開され、ついに１９５４年には学校給食法が成立した。[*24]

このように、日本の給食のはじまりは、苦境にある子どもの救済という意味が色濃かったと言える。最も貧しい子どもを救済するために始まった給食が、栄養失調の子も、偏食の子も、と対象を拡大してゆき、一度戦争によって中断された。戦後、日本のすべての子どもが苦境にあり、海外支援で始まった給食は紆余曲折を経て全員に対する給食となった。ただし、給食の対象者が全ての児童になったからと言って、すぐに国内すべての児童が給食を食べられたわけではない。その後の一般化期約20年をかけて実施が急速に広がっていくことになる。

2　一般化期――ほとんどの子どもたちが給食を享受　１９５４～１９７５年

全国的な給食要望運動を経て、１９５４年に学校給食法が成立し、学校給食が全国で実施されるようになる。１９５５年の学校給食法成立直後は42・８％[*25]（児童数）だった完全給食実施率が、１９７５年には96・９％[*26]（児童数）にまで上昇した。これにより、子どもたちにとって給食は日常となっていく。

この時期に多くの児童が当たり前のこととして経験することになった学校給食だが、実は当時の給食は子どもたちにとって普段と違う献立の食事であった。給食の主食にはパンしか出なかったのである。１９６５年の国民栄養調査[*27]では、日本人が主食として食べていたのは小麦粉ではなく米であり、１日摂取エネルギーのうち55％ほどを米から得ていた。それにもかかわらず、給食ではパンを主食として出すことが定められており、それは余剰米問題が表面化する１９７０年代半ばまで続いた。１９７４年に学校栄養士が配置され[*28]、それまで教員が負担していた給食業務が正式に栄養士に任されるようになった。

この一般化期には、効率的で大規模な給食の実現を目指してセンター式給食施設を導入した市町村が数多くあった。だが、センター式給食には課題もあり、今日においても批判的な意見は多数ある。たしかに、センター式給食は品質においても教育活動においても、自校式給食と比べて限界となる点は多い。だがそのような批判を受けて、センター式給食は改善を重ねてきた。今日ではおいしいセンター式給食を提供できる学校もある。また、給食が実施されていなかった学校において主食・主菜・副菜が揃う完全給食が実施されることは、そこにいる子どもたちにとって大いに意味のある現実であったに違いない。それを考えると、たとえ多くの課題を持っていたとしても、センター式調理施設は、歴史的にみて、子どもたちにみんなで食べる昼食の喜びと安心をいち早く提供してきたという貢献があることを忘れてはならないだろう。

３　高品質化期――複雑化する子どもの食の危機に対応する　１９７６～２００４年

米飯給食が導入された１９７６年から、日本の学校給食は高品質化期に入った。米飯給食が認められたからといって、すぐにすべての給食がパンから米飯に切り替わったわけではない。それでも、徐々に全国的に米飯給食が導入されるようになる。それまで実施できなかった炊き込みご飯などのメニューも可能になり、学校給食はよりバラエティ豊かな献立になった。

同じ頃、１９６０～１９７０年代高度経済成長の影響で子どもたちの食生活は大きく変化した。学校給食と特に関わりの深い、子どもの食の危機とも言える2点を挙げると、1つは核家族化などに伴う「孤食」の増加、もう1つは食事のジャンクフード化（カロリーは高いが栄養バランスが悪い食事の意味）である。

孤食とは、ひとりぼっちで食べる食事のことを言う。家族みんなで食卓を囲む「共食」と言われる営みがみられない家庭も増えており、足立（1983・1987）は「共食」が子どもの発達に重要な意味を持つことを指摘し、子どもの「孤食」改善の必要性を示した。[29,30] 日本の学校給食は子どもたちみんなが一堂に会して「同じ釜の飯を食う」ものであり、そして誰かと一緒に楽しく食事をする時間である。給食の特徴でもある「共食」の重要性が認識されるようになった。

孤食と同時に進行したのが食の〝ジャンクフード〟化である。1970年代には、お湯を注ぐだけで食べられるラーメンが誕生し、ポテトチップスなどの魅力的なおやつも流通拡大した。調理不要の手軽な加工食品がたくさん出回るようになる。岩村（2003）は1998年から2002年、首都圏に在住する子育て家庭について調査し、食を軽視する傾向や、手軽に食べられる加工食品がいつのまにか日常食となっている現実を報告した。[31] 加工食品をすべて〝ジャンクフード〟と言ってしまうのは乱暴かもしれない。しかし、加工食品は便利な一方で、糖分・塩分・油分や添加物の量と質に課題があり、日常食には向かないものが多い。特に、子どもたちは〝ジャンクフード〟でお腹がいっぱいになり本来なら食べられるはずの栄養バランスの良い食事が食べられなかったりする。子どもの健康に関してみると、肥満や、添加物などの影響が懸念される食物アレルギーも増加し始めた。

そのような子どもの食の危機が明るみになったことで、給食を通じた、徹底した栄養教育が必要であると考えられるようになっていった。栄養価を合わせるためにメニューに不自然さが残るなどの課題も生じたが、多くの学校では工夫を重ねて子どもを喜ばせる給食を実施してきたと言える。

ただし、この期には学校給食の重大な事故が発生したことに触れておかなければならない。１９９６年に岡山県と大阪府でＯ１５７の集団食中毒が発生し、５人の子どもの命が失われた。[*32,33] その後遺症で19年後の２０１５年には、さらに１人が亡くなった。[*34] この悲痛な悲しみを二度と繰り返さないため、日本の給食衛生管理システムにはＨＡＣＣＰの導入が推進され、多くの自治体では、生野菜等非加熱の食べ物の提供をとりやめるか、徹底的な洗浄・消毒が可能な場合のみ提供を許可することとした。農薬や添加物使用の危険性が認識された時代でもあり、食の安全を求める声が高まりを見せた。

栄養バランスの良い給食、それをみんなで楽しい時間として一堂に会して食べる。この時代は、それら給食のもつ「健康（栄養）」と「共食」の価値が認識されることで給食の意義が明確になると同時に、食の安全対策の徹底が求められはじめた、給食の高品質化の時代であったと考えられる。

4　食育期──給食を通じて子どもたちに食育を　2005〜2019年

学校給食の品質が改善する一方で、日本人の生活習慣病は増加の一途をたどっていた。ここで、誤りのないように書き添えておくが、生活習慣病が好ましくない生活習慣によってのみ発症すると考えるのは正しくない。生活習慣病と総称される疾患群（肥満症、高血圧症、脂質異常症など）には、発症リスクを高める遺伝的素因が存在している。それら個々人で異なる遺伝的素因と環境的素因（生活習慣を含む）のバランスに、さらに加齢素因が加わり発症の可能性が高まるものである。したがって、どのような生活習慣がその人にとって高リスクとなるかについては大きな個人差がある。ただし、一般的にそれらの疾患のリスクを下げる食習慣や生活習慣がどのようなものであるのかは、ある程度、科学的に明らかにされてきた。大人になってから、問題となる生活習慣を修正するのは容易でなく、長年の習慣の蓄積が発症リスクを高めるため、子どもの頃から将来の発症リスクを低減するような適切な食習慣を形成することが大事であると考えられるようになった。そのような考え方を背景に、子どもたちへの栄養に関する食教育、「食育」の必要性が叫ばれるようになる。その声の高まりもあり、２００５年に食育基本法が成立し、同時に栄養教諭制度が導入された。栄養教諭は学校において給食管理と食育（授業）、栄養の個別相談を担当する。栄養教諭の活躍が期待されているものの、２０２２年現在、全小学生児童数は約６１５万人、中学校生徒数は約３２０・５万人であるのに対し、栄養教諭配置数は６８４３人（単純に計算すると栄養教諭１人あたり約１３６７人の児童生徒）にとどまっており、[*35]まだ体制は十分とは言えない。

２００８年、食育基本法を受けて学校給食法が改正され、[*36]給食の目標が法成立以降初めて変更された。目標の数は４つから７つに増えた。また学習指導要領に「食育」の文言が扱われるようになった。そのような中で、給食が教育の一環であることがより強く意識されるようになり、授業でも給食と関連させて地域学習や食文化学習に役立てられるようにするなどの工夫をすることがこれまで以上に期待されるようになる。

しかし、この時代にも不幸な給食の事故は起きてしまう。２０１２年、食物アレルギーによるアナフィラキシーショックで１人の女児が亡くなったのだ。[*37]日本の学校現場・給食現場は恐怖と悲しみに暮れた。すべての教員がエピペン投与の講習を受けることとし、アナフィラキシーへの対応が徹底された。しかし、現在の給食システム下においては、アレルギー対応については未だ課題と不安が残されている。特に多くの子に給食をもたらしたセンター式給食はそのメリットである効率的な大量調理システムの特性ゆえ個別対応が非常に難しい。この事故は、日本の学校給食の重大なシステム欠陥を指摘するものであるに違いなく、私たちは二度とこのような悲劇を繰り返さないために、給食の在り方を問い直さなければならない。

栄養教諭や養護教諭、担任教諭、給食調理員、給食配膳員、給食に関わる人々は食中毒予防とアレルギー対応に大きなストレスを抱えながら、絶対に失敗が許されない給食現場を今日も運営している。研究者らは、どのような時でも子どもの安全を守れる最適な給食システムの在り方について、現場の声をよく拾い、これからも検討・議論し続けなければならない。

5　2020年以降の学校給食

さて、ここまで130年の日本の給食の歴史を大まかに振り返ってきた。日本の学校給食は、すべての子どもたちに実施されるべく、変化とともに歪みを抱えながらも前に進み、努力と改善を重ねながら高効率なシステムを構築し、子どもたちにとって最良の形を模索され続けて今日の形になったと言える。

しかし、2020年新型コロナウイルス感染症の流行により、学校現場は新たな時代を迎えざるを得なくなった。感染症対策のため、共食の最も大事な機能とされていた楽しい談話会食が非常に制限された。それも数か月では終わらず、丸3年以上も続いた。いつの日か、2020年以前の光景にもどるのかもしれないが、新たな「今」における積極的な調査が必要である。また、今後も子どもたちが安心して楽しく給食を食べられるよう、感染症対策と楽しい会食を両立させられる給食の在り方を模索しなければならない。

ここまで、日本の学校給食の歴史を子どもたちにもたらした意味に注目して述べてきた。藤原

（２０１８）は、国家政策としての学校給食という視点から日本の給食の歴史を論じた。日本の学校給食の功績として、同一・全校児童への給食という形式は、家が貧しい子どもたちに「スティグマ」[*38]を与えなかったという点に光を当てるとともに、「（略）給食は綱渡りの人生を死から救う綱というよりは、そもそも綱渡りをさせずに人生を歩んでいけるためのものである。家で食べられなくても給食がある、家が流されても調理場がある、という、不安定な網をたしかな道に変えていく効果を、私は給食の歴史に見たい」[*39]とした。

日本の学校給食は〝機会の平等〟を実現してきた画期的なシステムである。子どもたちに「スティグマ」を与えないよう配慮されてきた事実は重要であり、我々は気づけばその恩恵の中に居られたのである。一方で、食物アレルギーの児童生徒は増加しており、海外にルーツをもつ子どもたちも身近になった。他にも、宗教や体質、発達特性などの違いがあり、子どもたちの食は多様で丁寧な対応を必要とする時代になっている。日本の給食システムが有する〝機会の平等〟は子どもたち一人ひとりの〝結果の平等〟に結びついているだろうか。これからの学校給食はこの点の在り方が問われていくだろう。

註

＊1　学校給食の歴史区分に関し、その始まりをいつとするか及び何をもって区切るかは研究目的に応じて異なる。国家政策として給食の歴史を論じた藤原（2018※1）は最も古い記録として、1806年に会津で提供された15歳以上の学生を対象とした昼食を紹介した。日本の和暦と戦前・戦中・戦後で時代を分けた高橋（2017※2）と、学校給食の意義変遷に着目し歴史を区分した岸山・黒瀧（2021※3）は、1889年に山形県鶴岡市私立忠愛小学校にて貧困児童を対象に提供された食事を始まりとした。堀田（2005※4）は戦後の給食に着目し時代を4つに分け、整理した。本書は主に小学校給食と児童を対象とする研究であり、戦後のみに限定する必要はないため、1889年を始まりとした。

※1　藤原辰史（2018）、給食の歴史、岩波書店、30頁。

※2　髙橋美保（2017）、歴史的変遷からみた「給食」の教育的な役割、白鴎大学教育学部論集、11（1）、105－132頁。

※3　岸山絵里子・黒瀧秀久（2021）、学校給食の史的変遷と給食の現代的意義に関する考察、旭川大学短期大学部紀要、51号、25－39頁。

※4　堀田学（2005）、学校給食の歴史的経緯と現代的課題、広島県立大学生物資源学部、17（1）、79－84頁。

＊2　註1で述べたすべての先行研究で1945年を区切りとしているが、本章では子どもたちにどのような意味をもたらしてきたのかを考えると、「苦境にある子どもたちのための給食」において1945年前後で意味の変化がないと考えた。

＊3　土屋久美・佐藤理（2012）、学校給食のはじまりに関する歴史的考察、福島大学総合教育研究センター紀要、（13）、25－28頁。

＊4　土屋・佐藤（2012）は註3の26頁において、実際に忠愛小学校で給食が給与されたのは午後の授業が始まった1892年からである可能性を指摘している。

＊5　山形県教育委員会（1989）、山形県　学校給食100年のあゆみ――未来をになう子どもたちのために、16頁。

＊6　1932年「学校給食臨時施設方法」の細則である「学校給食臨時施設方法に関する件」には、給食を必要とする児童の標準として、貧困等の事情とは別に「ハ　不況のため学校に於て欠食勝なるか又は日常摂取する食物（特に昼弁当）が栄養上

著しく粗悪と認めらるる者」とある。

＊７　佐伯矩（１９３２）「学校給食に関する意見書」（国立国会図書館請求記号Ｙ９９４－Ｌ２５５５）

＊８　佐伯矩（１９３２）、学校給食に關する意見書、１頁。

＊９　註８に同じ。

＊10　ただし、佐伯矩による「学校給食に関する意見書」の提出が「学校給食臨時施設方法」以前か以後かに関しては検討の余地がある。藤原（２０１８）は著書『給食の歴史』（岩波書店、50－51頁）において佐伯矩の「学校給食に関する意見書」（ガリ版刷りパンフレット）１９３２年（推定）を引用し、佐伯の意見書をきっかけとして「学校給食臨時施設方法」に関する「文部省訓令第十八号」が出されたと述べている。本書引用の佐伯矩（１９３２）「学校給食に関する意見書」（国立国会図書館蔵書）の裏表紙には「本意見書は昭和七年九月学校給食実施当時文部大臣に提出したるものなり」と但し書きがあり、先の訓令にあてたものとも解釈可能である。この経緯についてはさらなる検討の上、稿を改めて説明したい。

＊11　１９４０年「学校給食奨励規定」の細則である「学校給食の実施に関する件」には、給食を必要とする児童の標準として「(イ)栄養不良なる者(ロ)身体虚弱なる者(ハ)偏食の習癖ある者(ニ)其の他給食を必要とする者」とある。

＊12　樹下尚子（１９７０）、学校給食ものがたり、民衆社、35頁。

＊13　川上小学校・水田亀寿・瀬戸宅二・渋谷忠男（１９７５）、川上百年史、１９７５年４月１日、峰山孔版社、64－66頁。

＊14　註13に同じ、69－70頁。

＊15　註13に同じ、67－68頁。

＊16　春原平八郎（１９４６）、学校給食の稍忽諸に附せられんとするを憂いて、家政教育、20（４）、８頁。

＊17　戦後日本教育史料集成編集委員会編（１９８３）、戦後日本教育史料集成　第二巻（新学制の発足）、三一書房、４８７頁。

＊18　註12に同じ、37－41頁。

＊19　東京第三師範附属小学校（１９４７）、母親たちが交代で、家政教育、21（12）、12頁。

＊20　ララ物資の贈呈式は１９４６年12月24日に行われた。この日を記念して１月24日から30日を学校給食週間としている。

＊21　雨宮正子（１９９２）、学校給食、新日本新書、56頁。管見の限りにおいても、ガリオア資金による学校給食の実施は１９５０

年が最初であると考えられる。

＊22　ここでいうミルクは脱脂粉乳である。海外からの支援内容・年数については次の資料を参照した。註12に同じ、41頁／文部科学省「学制百二十年史」第八節／「学校給食の歴史」一般社団法人全国学校給食推進連合会。https://www.zenkyuren.jp/lunch/（取得日２０２３年12月22日）

＊23　註12に同じ、36－37頁。

＊24　註12に同じ、37－43頁。及び註21に同じ、56－58頁。

＊25　文部省調査局統計課（１９５５）、指定統計第82号　学校給食調査報告書（昭和30年度）、「第８表都道府県別給食実施率（対象人員について）」の「（1）小学校」における完全給食全国比率。

＊26　文部省体育局（１９７５）、学校給食実施状況（昭和50年５月１日現在）「第５表　都道府県別学校給食実施状況　公立小学校（児童数）」における完全給食百分率総計。

＊27　厚生省（１９６７）、国民栄養の現状。https://www.nibiohn.go.jp/eiken/chosa/kokumin_eiyou/1965.html（取得日２０２３年12月22日）

＊28　１９７４（昭和49）年６月22日法律第90号〔公立義務教育諸学校の学級編成及び教職員定数の標準に関する法律等の一部を改正する法律三条による改正〕により学校給食法が改正され、学校栄養職員に関する項目が追加される。

＊29　足立己幸・ＮＨＫ「おはよう広場」班（１９８３）、なぜひとりで食べるの――食生活が子どもを変える、日本放送出版協会。

＊30　足立己幸編著・秋山房雄共著（１９８７）、食生活論、医歯薬出版。

＊31　岩村暢子（２００３）、変わる家族変わる食卓　真実に破壊されるマーケティング常識、勁草書房。

＊32　国立保健医療科学院（２０１６）、「Ｎｏ・５４１　腸管出血性大腸菌Ｏ１５７：Ｈ７による学童集団下痢症」。https://www.niph.go.jp/h-crisis/archives/83395/（取得日２０２３年12月22日）

＊33　国立保健医療科学院（２０１６）、「Ｎｏ・５５２　腸管出血性大腸菌による集団発生」。https://www.niph.go.jp/h-crisis/archives/83405/（取得日２０２３年12月22日）

＊34　西日本新聞（オンライン）、２０１６年３月30日「堺市、Ｏ１５７後遺症で女性死亡　96年の給食食中毒」。

＊35　文部科学省（２０２２）、栄養教諭の配置状況（令和４年５月１日現在）より。

＊36　２００８（平成20）年６月18日号外法律第73号〔学校保健法等の一部を改正する法律二条による改正〕により、学校給食法が改正され、第二条における学校給食の目標が７項目になる。

＊37　調布市立学校児童死亡事故検証委員会（２０１３年３月）、調布市立学校児童死亡事故検証結果報告書概要版。

＊38　藤原辰史（２０１８）、給食の歴史、岩波書店、９頁。

＊39　註38に同じ、２５０頁。

第2章　日本の給食・食教育に関する用語解説

現在の日本では、給食と食教育に関連するいくつかの似た用語が扱われている。ここでは、それらの用語をどのような意味で扱うかを示す。

1　学校給食

学校給食法において、「『学校給食』とは、前条各号に掲げる目標を達成するために、義務教育諸学校において、その児童又は生徒に対し実施される給食をいう」[*1]と定義されており、義務教育諸学校とは「学校教育法（1947年法律第26号）に規定する小学校、中学校、義務教育学校、中等教育学校の前期課程又は特別支援学校の小学部若しくは中学部」[*2]をいう。「前条各号に掲げる目標」[*3]とは、学校給食法第二条にある給食の目標のことを指し、その内容は次の通りである。

第二条　学校給食を実施するに当たつては、義務教育諸学校における教育の目的を実現するために、次に掲げる目標が達成されるよう努めなければならない。
一　適切な栄養の摂取による健康の保持増進を図ること。
二　日常生活における食事について正しい理解を深め、健全な食生活を営むことができる判断力を培い、及び望ましい食習慣を養うこと。
三　学校生活を豊かにし、明るい社交性及び協同の精神を養うこと。
四　食生活が自然の恩恵の上に成り立つものであることについての理解を深め、生命及び自然を尊重する精神並びに環境の保全に寄与する態度を養うこと。
五　食生活が食にかかわる人々の様々な活動に支えられていることについての理解を深め、勤労を重んずる態度を養うこと。
六　我が国や各地域の優れた伝統的な食文化についての理解を深めること。
七　食料の生産、流通及び消費について、正しい理解に導くこと。

今日の日本において、ほとんどすべての小学生が学校給食、それも完全給食を体験する。完全給食というのは「給食内容がパン又は米飯（これらに準ずる小麦粉食品、米加工食品その他の食品を含む。）、ミルク及びおかずである給食[*4]」のことを指し、栄養バランスの良い食事が毎日児童に提供される。この食事時間は、日本の小学校の学習指導要領に位置づけられており〝教育活動の時間〟として扱われる。そのため、子どもたちはただ給食を食べるというだけでなく、〝教育活動の時間〟として取り組むこととされており、教員にも給食における指導の実施がもとめられてきた。

日本の小学校における学校給食は、1975年時点ですでに完全給食実施率（児童数）が96・9％に達しており[*5]、中学校の給食よりも早く普及したため、指導方法等がある程度一般化されている。中学校の学校給食実施率は、今日においてもまだ地域における格差が大きく、一般的な議論には注意が必要である。高等学校以上の学校における食事は、基本的には学校給食として扱われない[*6]。

小学校の学校給食は一般的に45分間の給食時間を指す。しかし、学校給食の教育的意義を考える上で、給食時間のみを扱うのではあまりに内容が狭い。給食の食事内容や、それを考える学校栄養職員や栄養教諭も扱われなければならない。学校給食を「教材として活用」した教科活動もその範疇となる。さらに、食材の生産や流通、調理に関わる人々も学校給食と関わりが深い。このように、学校給食の教育的意義を考える時、その範囲は給食時間中にとどまらないのである。

2　給食教育

「給食教育」という用語は、現在はあまり聞かない。この言葉が最初に用いられたのは、

１９５０年前後である。[*7] 当時、栄養に関する知識を伝える手段として学校給食の教育的意義が論じられつつある中で、給食の教育的意義は栄養教育だけにあるわけではないと主張した中村鎮は、１９５０年の著書『小学校の完全給食』において、「第９章模範学校における給食教育」として模範的な実践例を記した。[*8] その後、「給食教育」の用語を用いた実践報告が１９７０年代頃までみられたが、それ以降は使われなくなった。

一方で、この独特な用語は、本研究において重要なものである。第Ⅱ部で紹介する旧久美浜町川上小学校における独自の給食の取り組み、給食を通じた教育活動を含む取り組みの名称として、当時の教育計画には「給食教育」とあった。ただし、インタビューの中で当時の教職員は給食の取り組みを「米飯給食」と呼んでいた。現代において、「米飯給食」は米飯を主食とした学校給食という意味で用いることが一般的であると考えたため、川上小学校の取り組みは１９５０〜１９７０年頃に使われていた「給食教育」の用語と区別しつつ、特に本研究で着目する実践期の給食教育を「川上給食教育」と表記したい。

３　食育

食育の語源は、石塚左玄の『食物養生法』（１８９８）や村井弦斎の『食道楽』（１９０３）にある。[*9]

また、足立・衛藤（２００５）は２０００年前後の行政資料等における食育の概念・ねらいを分析し、食育で期待することは「人間の生活の質（QOL）と食環境の質（QOE）のよりよい共生の中で、自分（たち）の食を営む宝が育つこと」とまとめた。[*10] しかし、「食育」は、「食教育」や「食に関する指導」とどのように意味が異なるのかについてはこれまで十分に論じられてこなかった。

食育基本法の目的は「近年における国民の食生活をめぐる環境の変化に伴い、国民が生涯にわたって健全な心身を培い、豊かな人間性をはぐくむための食育を推進することが緊要な課題となっていることにかんがみ、食育に関し、基本理念を定め、及び国、地方公共団体等の責務を明らかにするとともに、食育に関する施策の基本となる事項を定めることにより、食育に関する施策を総合的かつ計画的に推進し、もって現在及び将来にわたる健康で文化的な国民の生活と豊かで活力ある社会の実現に寄与することを目的とする。[*11]」とあり、「国民の食生活をめぐる環境の変化」の筆頭に挙げられているのは「栄養の偏り、不規則な食事、肥満や生活習慣病の増加、過度の痩そう身志向などの問題[*12]」である。つまり、日々の食生活を起因として引き起こされる生活習慣病が、食における大きな問題として明確化されたのだ。

食育基本法成立と同時に栄養教諭制度が導入され、栄養士の資格と教諭の免許状を併せ持つ栄養教諭が誕生した。生活習慣病を予防する食生活の専門家である栄養士が子どもたちに直接、授業を行えるようになった。このことからも、食育基本法が主に生活習慣病の予防を主要な論点として捉えていることには違いがない。よって、食育という用語は、「食教育」や「食に関する指導」と比べ、健康的な生活のための食事の指導という意味を多分に含む用語であると考えられる。

論文によっては、そのような健康教育・栄養教育の意味合いが強い「食育」という用語を意図的に避けて「食教育」と表記する場合もある。たしかに、２００５年当初は食を通じた健康推進の意味合いが強かっただろう。だが、「食育」の用語が広まるにつれ、食が関連した学習活動はすべて「食育」と呼ばれるようになる。栄養士と教員のアイディアが結びつき、子どもを中心とした魅力的な「食育」の授業も生まれた。学校教育の現場において「食育」の用語は、もともと強く持っていた健康推進の意味合いを超えようとしているのかもしれない。

４　食教育

食教育は、「食育」のように行政によってその用語の意味合いや定義が調整されたものではない。そのため、食が関わる教育実践や教育思想について述べる際に「食教育」と表記される。「食育」の用語が広まる２００５年以前は、健康推進に重きが置かれた教育実践も含めて「食教育」と表記されてきた。しかし、「食育」の用語解説で述べたように２００５年以降は、健康志向の強い「食育」の用語を敢えて避けて「食教育」と表記する場合があった。本書においては、「食育」がかえって狭い意味の用語として捉えられかねないことを踏まえ、食育と食教育の両方の意味を含む場合は「食教育」と表記する。

5　食に関する指導

２０００年に文部省から『食に関する指導参考資料――小学校編』[*13]が出版されて以降、それまで〝学校給食〟あるいは〝給食指導〟の手引として出されていた給食指導書の名称が扱う範囲を給食以外にも広げ、〝食に関する指導〟の手引となる。当時、〝食に関する指導〟は、〝栄養教育〟にとって代わる言葉として健康教育の充実をねらう意味をもつとされた。[*14]つまり、食を通じた健康教育（栄養教育）を意図する用語であると考えられる。

一方で、「食に関する指導の手引――第二次改訂版」では、「食に関する指導」を教科等における食に関する指導、給食の時間における食に関する指導、個別的な相談指導の大きく３つに分けている。[*15]その中でさらに、給食の時間における食に関する指導を２つ、「給食指導」と「食に関する指導」に分けている。[*16]

「給食指導」を「給食の準備から片付けまでの一連の指導の中で、正しい手洗い、配膳方法、食器の並べ方、箸の使い方、食事のマナーなどを体得させる場面」[*17]とし、給食の時間における「食に関する指導」を「学校給食の献立を通じて、食品の産地や栄養的な特徴を学習させたり、教科等で取り上げられた食品や学習内容を確認したりするなど、献立を教材として用いた指導を行う場面」[*18]としている。

健康教育の充実を意図した用語として誕生したが、現在では健康教育だけでなく、食に関わる教育活動の内容を広く含む用語になっている。

6 給食指導

給食指導とは、今日では前述のとおり、給食時間中に学級担任が行う「給食の準備から片付けまでの一連の指導の中で、正しい手洗い、配膳方法、食器の並べ方、箸の使い方、食事のマナーなどを体得させる場面」[*19]であるとされている。しかし、これらは手引の中で厳密に区別されており、現場において指導の種類や担当が細かく分けられているということはほとんどない。たとえば、食事中に児童と給食内容について対話することなどは実際には給食指導でもあり、食に関する指導でもある。

「食に関する指導」の用語が出る前には、給食に関連する全ての教育活動・指導が「給食指導」の手引に含まれていた。

7 学校栄養士（学校栄養職員、栄養教諭）

学校栄養職員とは、「学校給食の栄養に関する専門的事項をつかさどる」[*20]者であり、給食経営管理が主たる業務である。一方で、栄養教諭は２００５年に開始された制度であり、「食に関する指導と給食管理を一体のものとして行う」[*21]者とされている。つまり、給食経営管理に加え、食に関する指導の両方を主たる業務としている。本論においては、学校栄養職員と栄養教諭を合わせて、学校に配置されて給食経営管理を行う担当を「学校栄養士」と統一して表記する。

註

＊１　学校給食法　第一章総則　第三条。

＊２　註１に同じ。

＊３　註１に同じ。

＊４　給食には、完全給食（給食内容がパン又は米飯〈これらに準ずる小麦粉食品、米加工食品その他の食品を含む。〉、ミルク及びおかずである給食）、補食給食（完全給食以外の給食で、給食内容がミルク及びおかず等である給食）、ミルク給食（給食内容がミルクのみである給食）の３形態がある（文部科学省　学校給食実施状況等調査――用語の解説より）。
https://www.mext.go.jp/b_menu/toukei/chousa05/kyuushoku/yougo/1267022.htm（取得日２０２３年12月22日）

＊５　文部省体育局（１９７５）学校給食実施状況（昭和50年５月１日現在）「第５表　都道府県別学校給食実施状況　公立小学校（児童数）」における完全給食百分率総計。

＊６　高等学校以上は、学校給食法における義務教育等諸学校の定義に当てはまらない。

＊7　1938年に新潟市の栄尋常小学校の報告で扱われている例などはある（大日本学校衛生協会（1938）、日本学校衛生26（9）、626頁）。

＊8　中村鎮（1950）、小学校の完全給食、105－131頁。

＊9　森田倫子（2004）、食育の背景と経緯――「食育基本法案」に関連して、調査と情報（457）、1頁。

＊10　足立己幸・衛藤久美（2005）、食育に期待されること、栄養学雑誌63（4）、209－210頁。

＊11　食育基本法、第一章総則　第一条。

＊12　食育基本法、前文。

＊13　文部省（2000）、食に関する指導参考資料（小学校編）、東山書房。

＊14　註13に同じ、8頁。

＊15　文部科学省（2019）、食に関する指導の手引――第二次改訂版（H31）、20頁、図5参照のこと。。
https://www.mext.go.jp/a_menu/sports/syokuiku/1292952.htm（取得日2023年12月22日）

＊16　註15に同じ、223頁。

＊17　註15に同じ、223頁。

＊18　註15に同じ、223頁。

＊19　註15に同じ、223頁。

＊20　文部科学省（1986）、学校栄養職員の職務内容について、文体給、第88号、昭和61年3月13日。
https://www.mext.go.jp/b_menu/shingi/chousa/sports/004/toushin/030201b.htm（取得日2023年12月22日）

＊21　文部科学省「栄養教諭制度の概要」（https://www.mext.go.jp/a_menu/shotou/eiyou/04111101/003.htm、取得日2023年12月22日）には、「食に関する指導（学校における食育）の推進に中核的な役割を担う『栄養教諭』制度」と説明があり、その職務は（1）食に関する指導、（2）学校給食の管理、であると示されている。

第3章　学校教育における給食の位置付けと変遷

1　教育の目的「人格の完成」

学校給食には教育目標が設定されている。最もよく知られているのは、学校給食法に記載されている7つの給食の目標である（41ページ参照）。ただし、この目標は、「義務教育諸学校における教育の目的を実現するために、次に掲げる目標が達成されるよう努めなければならない」と位置付けられている。では、この教育の目的は何かというと、教育基本法において述べられる「教育の目的」を指すと考えられる。[*1]

日本の教育基本法は日本国憲法の下での教育の基本について定めたものであり、教育基本法には教育の目的として「教育は、人格の完成を目指し、平和で民主的な国家及び社会の形成者として必要な資質を備えた心身ともに健康な国民の育成を期して行われなければならない。[*2]」とある。この中で、教育が「人格の完成」を目指すものであることは、２００６年の法改正時にも変

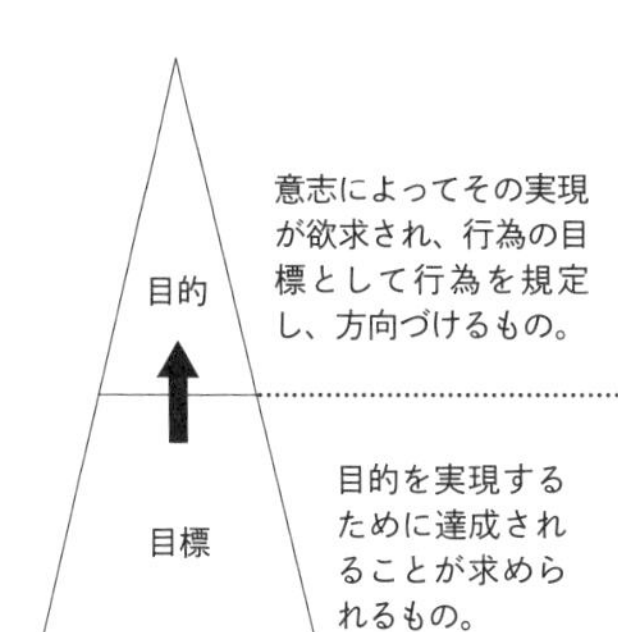

教育の目的
（教育基本法第一章第一条）

第一条　教育は、人格の完成を目指し、平和で民主的な国家及び社会の形成者として必要な資質を備えた心身ともに健康な国民の育成を期して行われなければならない。

学校給食の目標
（学校給食法第一章第二条）

第二条　学校給食を実施するに当たつては、義務教育諸学校における教育の目的を実現するために、次に掲げる目標が達成されるよう努めなければならない。

図3-1　教育の目的と給食の目標の関係・原案

一般的な目的――目標の関係に「教育の目的」と「学校給食の目標」をそれぞれ当てはめて考えると、学校給食の目標（７項目）を達成することで、教育の目的を実現することができるという直線的な関係になる

更されず、法成立当初から変わらず掲げられてきた。[*3] よって、本研究では１９５４年に学校給食法が成立した当時から掲げられている教育の目的である「人格の完成」の文言を重視する。[*4]

さて、給食の目標と教育の目的を簡単に説明すると、７つの給食の目標は「人格の完成（教育の目的）」を「実現するため」に「達成されるよう努め」るものである。教育の目的と給食の目標の一般的なイメージにおける関係図を図３－１[*5]に示す。

しかし、図３－１に示したような目的と目標の関係図は、尾崎（２００９）にその限界性が指摘されている。尾崎は、日本においては「教育目標とは何か」「教育目標と教育目的はいかに関連するのか」といった議論は十分になされてこなかったことを批判し[*6]、「教育目標」――「教育目的」と、一般的な「目標」――「目的」との共通点及び差異に

ついて論じている。

尾崎によると、「当該の活動や営みがめざすところのものや場所という最終的な到達点としての『教育目的』と、その最終的な到達点に達するために設定される『教育目標』という図式」[*7]は一般的な「目標」――「目的」の関連性と共通しているが[*8]、「①必ずしも『教育目標』は『教育目的』を達成するために設定されるという直線的な関係にあるわけではない点、②「教育目的」は達せられないが成立するという場合がある点」[*9]の2点において異なる性質をもつことをまとめた。

1点目に関しては、教育目標を一つひとつ緻密にクリアすると教育目的が達成されるという関係にはないことを意味する。2点目に関しては、尾崎が「第一に所与として想定可能な、そして共有可能な教育的価値（＝教育目的）の存在が前提されており、第二にその価値が細分化された具体的行為（＝教育目標）の積み重ねによって段階的に実現されるという捉え方が内包されている」[*10]点において限界があり、「普遍性や共有可能性によって上方に据えられる価値としての『教育目的』ではなく、『教育目標』によって創出される教育の営みの中に埋め込まれた価値としての『教育目的』を問う議論の可能性と必要性がある」[*11]と論じているように、「教育目的」の前提に関する問い直しの意味を含む。

他方で、桑原（1975）は、教育の目的は、教育の方向・内容・方法を規定するものであり、目的が違えば教育のあり方が全体的に変わってくるとし、「教育目的と、内容・方法を媒介として展開される具体的活動とは内面的に結び付いている」[*12]と述べており、これら尾崎と桑原の論は教育目的が教育実践の〝営みの中に埋め込まれた価値〟や〝内面的に結び〟付くものであると考えている点において近い。これらを先に示した関係図にあてはめると、前述の尾崎の論と順序が前後するが、（A）教育目的として示されている「人格の完成」は給食を通じた教育実践において〝営みの中に埋め込まれる価値〟や〝内面的に結び〟つくものとして給食の目標との関係を示されることが可能かという問いと、（B）給食の目標を一つひとつ達成して積み重ねることが、あるいは、積み重ねることでのみ、教育の目的である「人格の完成」が実現できる関係にあると考えるのは現実的なのだろうかという問いになる。

（A）の問いについて、実際には「人格の完成」という言葉は具体的な内容を持っていない。これについて、桑原は「教育の目的を、人格の完成・人間性の発展・全面発達などという場合、それが人間像に具体化されなければ空虚な観念に過ぎない」[13]と述べた。それに照らせば、7つの学校給食の目標（41ページ参照）は、「人格の完成」に向いた具体的な人間像を示すものになっていると言える。

一般的な理解をみるために広辞苑の「人格」を参考にする。人格については「じん‐かく【人格】（personality）①人がら。人品。「――を磨く」②〔心〕（→）パーソナリティー1に同じ。③道徳的行為の主体としての個人。自律的意志を有し、自己決定的であるところの個人。④法律関係、特に権利・義務が帰属し得る主体・資格。権利能力。[14]」とある。「パーソナリティー1」の意味は「人格。個性。性格とほぼ同義で、特に個人の統一的・持続的な特性の総体。」となっている。これらの言葉は人間のどこを見るのかを示しているが、具体的な内容や方向を示すものではない。さらに、「完成」という言葉は、「かん-せい【完成】完全にできあがること。完全に仕上げること。」を意味しており、この言葉は方向を示しているが、どのようになったら完成と言えるのかなどの具体的な内容を示すものではない。つまり、「人格の完成」の意味はもともとそれだけでは教育関係者全員に同じ内容として得られているはずのないものであり、やはり給食の目標がその具体的な人間像を示すものである。

そこで、図3－2において、教育目的が〝方向〞を説明する言葉であることを明確にし、教育目標と言葉の次元が異なることを灰色の濃淡で示した。

また、〝方向〞の表現はいくつか可能であり、たとえば、「人格の完成」の他にも教育基本法では「平和で民主的な国家及び社会の形成者として必要な資質を備えた心身ともに健康な国民」のようにも方向が説明されている。抽象的な何か良い方向というものは普遍的な前提として存在しており、[*15]それを説明する言葉はいくつもあることを示しているのが、上部の四角の中に浮かぶ空白の丸である。

なお、図3－1とは、目的と目標の関係性を示す矢印の向きを逆にしている。これは、教育目標における具体的な人間像をあらわす言葉（図中「自然の恩恵を理解」など）は、抽象的な方向を示す言葉（図中「人格の完成」など）に基づいて表現されることを意味している。

それでは（B）の問いについて、7つの給食の目標すべてが達成されたとき「人格の完成」が

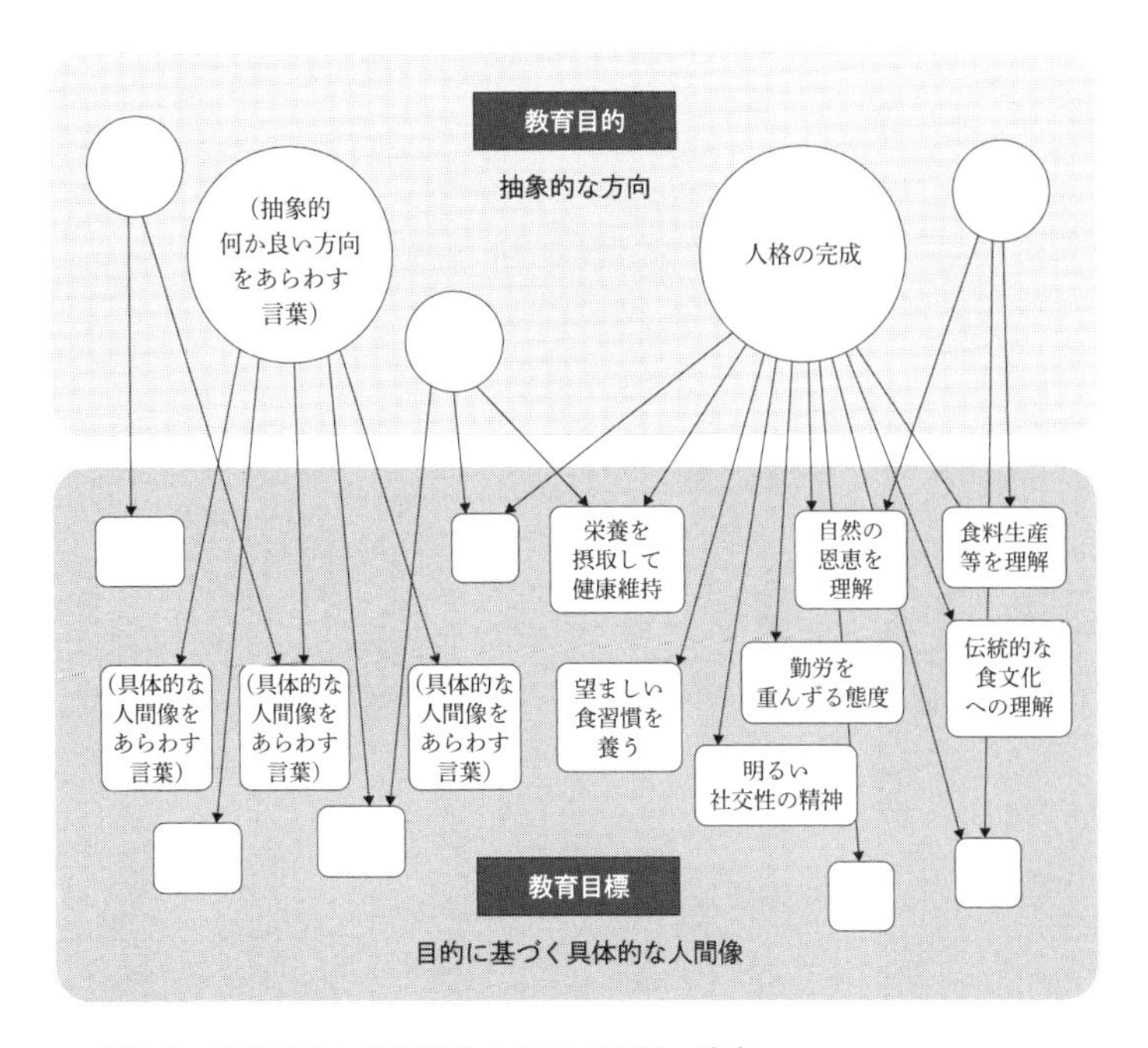

図3-2　教育目的と学校給食の目標の関係・改案

上側　教育目的は抽象的な方向を表す言葉であり、右側にその一例として「人格の完成」を記す。抽象的な、何か良い方向を示す言葉は「人格の完成」以外にもあり、例えば「豊かな人間性」といった言葉なども可能である。そのような抽象的な言葉はいくつもあることを上の囲いの中において空白の丸で示した。

下側　学校給食の目標に示される７つの目標は、目的に基づく具体的な人間像を表した言葉であると考えられたため、目的「人格の完成」の丸から伸びる矢印の先に示した。ただし、「人格の完成」に基づく具体的な人間像を表す言葉は他にもあると考えられるため、それを空白の四角で示した。

矢印　教育目的と教育目標の関係を示している。「人格の完成」に基づく具体的な人間像は、７つの目標以外にも有り得るため、空白の四角にも矢印が伸びている。逆に、「栄養を摂取して健康維持」という具体的な人間像は、「人格の完成」以外にも基となり得る目的の存在が可能なため、空白の丸からも矢印が伸びている。

実現するのだろうか。おそらく違うであろう。桑原（1975）は「教育のめざす人間像を目的といい、その具体的内容としての知識・技術・習慣・性格・価値観などを目標という」[*16]と述べた。目標は目的の具体的な内容を示すものであるので、その方向を目指しながら教育活動が行われてよいと考えられる。ただし、桑原は「教育のめざす人間像を目的」とし、目標を「具体的内容としての知識・技術・習慣・性格・価値観」と記しているが、学校給食の場合、目標の内容は〝学校生活を豊かにし明るい社交性・協同の精神を養う〟などであり「具体的な人間像」と表現するのが自然であると考えた。明るい社交性などは印象の問題であり、習得する内容の問題ではないからである。

図3−2においては、教育目標が、教育目的という抽象的な方向へ向けた〝具体的な人間像〟であることを矢印で示した。その方向に沿う教育目標を考えた時、そこからどのような具体的な人間像が説明できるかを示している。ただし、教育目標としての具体的な人間像もまた、多様な表現が可能なものである。それを示すため、目的と同様に下部の灰色の四角の中に空白の四角を浮かべた。また、その具体的な人間像は、ある時は他の教育目的ともよく共鳴する内容になっていると考えられ、いくつも矢印を追加した。

子どもの学びをみることで学校給食の教育的意義を問い直したい。だが、すでに示された具体的な人間像だけを見るのでは、子どもたちの学びを捉えたことにならない。それはすでに示されている目標や指標、枠組みに基づいた教育の評価を試みる検討になってしまう。本研究では、すでに給食の目標で示されているような人間像を超える子どもの学びもあり得るのではないかという立場に立ち、学校給食の教育的意義を子どもの学びから問い直すことを目的としている。そのために、本研究の第Ⅱ部では、学校給食の目標として描かれる具体的な人間像にどれだけ子どもの学びが合致していたのかを分析するのではなく、「人格の完成」という抽象的な言葉で述べられる方向をみつめながら、実際の子どもたちの学びを描き出したい。

　これらを踏まえ、教育目標を厳密に達成することで、教育目的が実現されるという図３－１ではなく、教育目的はあくまでも抽象的な、多くの人々に「良い」と認識される方向を示すものであり、教育目標として掲げられる内容は、その方向に合った具体的な人間像の一部を表現することを示した図３－２のような関係図が、より正確である。掲げられている教育目標が〝すべて〟ではなく、教育目的の方向に合う具体的な人間像は無数にある。教育目的として示される抽象的な「良い」方向についても、普遍的な前提はありながら、表現の仕方はいくつもある。具体的な人間像を給食の目標のように掲げて表現することは大事であり、教育実践に役立つが、一部の人間像にだけ執着したり、特定の人間像に到達するために「人格の完成」という大きな方向を見失ってしまうことは本来もとめられていないことを、この図３－２によって強調したい。

2　学校給食の目標・ねらい

ここまで述べてきたように、学校給食は1954年成立の学校給食法において、その教育目標が掲げられた。ただし、学校給食の教育目標やねらいが示されている公文書は学校給食法だけではない。法律で定められた目標を基本としながら、「学校給食」または「食に関する指導」の手引において、目標やねらいの詳細が示されてきた。

さらに1958年告示の学習指導要領から、学校給食は学校行事等として位置付けられ（1968年告示版からは特別活動に位置）、学習指導要領の指導書または解説（1989年発行までは「指導書」、以降は「解説」として発行されている）においても、学校給食の目標やねらいが示されている。

このように学校給食は、学校給食法における給食の目標（1954年～、以降「給食法目標」と表記する）、給食や食に関する指導を扱う手引書（1952年～、以降「給食手引書」と表記する）、学校給食が学習指導要領において位置付けられている学校行事等又は特別活動の解説等における給食の目標・ねらい（1960年～、以降解説を主として扱い「指導要領解説」と表記する）の、3か所においてその目標・ねらいが示されている。それぞれがいつ、どのような順で提示されてきたかを表3－1に示す。また、給食の時代区分と後述する学校給食の目標・ねらいの移り変わりにおける時期区分を表3－1の最右列に記す。

日本では、戦後の1946年に文部・厚生・農林三省次官通達「学校給食実施の普及奨励について」が出され、戦後の教育体制が整えられる中で手探りの学校給食が行われてきた。その中で、当時文部省の学校給食関連業務に従事していた中村鎮らは、1949年から1950年にかけて、学校給食のあるべき姿を示すべく学校給食関係の書籍を出版している。[*17] その流れで、学校給食法が成立する前の1952年には、最初の学校給食手引書とも言える「学校給食を中心とする学習指導」が出された。

この1952年の給食手引書をはじまりとして学校給食の目標・ねらいの変遷を分析すると、2000年の「給食手引⑥」及び2007年の「給食手引⑦」に文言や意味の変更がみられたため、2000年・2007年を分節点とする3つの時期〈1〉食事の体得・好ましい人間関係期1952～1999年（給食手引①～⑤、指導要領解説❶～❺）、〈2〉健康教育転換期2000～2006年（給食手引⑥）、〈3〉喜び楽しさ理解・人間関係形成能力期2007年以降～現在（給食手引⑦～⑩、指導要領解説❻～❼）に分けた。

〈1〉食事の体得・好ましい人間関係期　1952～1999年

1952年の給食手引①には、学校給食指導の一般目標として次の5つが示されている。

（1）人間生活における食事のもつ重要な意義を認め、みんなで楽しく会食することによって、民主的

<table>
<tr><th colspan="3">学校給食の目標・ねらいが示される3か所</th><th rowspan="2">学校給食の目標・ねらいの時期区分</th><th rowspan="2">給食の時代区分（第1章）</th></tr>
<tr><th>給食の目標</th><th>学習指導要領解説</th><th>給食・食に関する指導</th></tr>
<tr><td></td><td></td><td></td><td>なし</td><td rowspan="2">【救済期】</td></tr>
<tr><td></td><td></td><td>①</td><td rowspan="17">〈1〉食事の体得・好ましい人間関係期</td></tr>
<tr><td>[1]</td><td></td><td></td><td rowspan="8">【一般化期】</td></tr>
<tr><td></td><td></td><td></td></tr>
<tr><td></td><td>❶</td><td></td></tr>
<tr><td></td><td></td><td>②</td></tr>
<tr><td></td><td></td><td>②-解説</td></tr>
<tr><td></td><td></td><td></td></tr>
<tr><td></td><td>❷</td><td></td></tr>
<tr><td></td><td></td><td>③</td></tr>
<tr><td></td><td></td><td></td><td rowspan="10">【高品質化期】</td></tr>
<tr><td></td><td>❸</td><td></td></tr>
<tr><td></td><td></td><td>④</td></tr>
<tr><td></td><td></td><td></td></tr>
<tr><td></td><td>❹</td><td></td></tr>
<tr><td></td><td></td><td>⑤</td></tr>
<tr><td></td><td></td><td></td></tr>
<tr><td></td><td>❺</td><td></td></tr>
<tr><td></td><td></td><td>⑥</td><td rowspan="3">〈2〉健康教育転換期</td></tr>
<tr><td></td><td></td><td></td></tr>
<tr><td></td><td></td><td></td><td rowspan="10">【食育期】</td></tr>
<tr><td></td><td></td><td>⑦</td><td rowspan="9">〈3〉喜び楽しさ理解・人間関係形成能力期</td></tr>
<tr><td>[2]</td><td></td><td></td></tr>
<tr><td></td><td></td><td></td></tr>
<tr><td></td><td>❻</td><td></td></tr>
<tr><td></td><td></td><td>⑧</td></tr>
<tr><td></td><td></td><td></td></tr>
<tr><td></td><td>❼</td><td></td></tr>
<tr><td></td><td></td><td>⑨</td></tr>
<tr><td></td><td></td><td>⑩</td></tr>
</table>

表3-1　給食の目標・ねらいに関する年表

年	本書における名称	資料名・内容
1947	（学習指導要領作成）	（1947年告示　学習指導要領試案） ※学校給食の記載はなし
1952	給食手引 ①	文部省編「学校給食を中心とする学習指導」
1954	給食法目標 ❶	学校給食法成立
1958	（学習指導要領改訂）	（1958年告示　小学校学習指導要領） ※学校行事等の（5）に位置
1960	指導要領解説 ❶	文部省「小学校学校行事等指導書」
1962	給食手引 ②	文部省「学校給食指導の手びき（小学校編）」
1962	（給食手引 ②-解説）	文部省編・小杉巌著「学校給食指導の手びき解説」
1968	（学習指導要領改訂）	（1968年告示　小学校学習指導要領） ※学校給食は「特別活動」の「学級指導」に位置
1969	指導要領解説 ❷	文部省「小学校指導書　特別活動編」
1971	給食手引 ③	文部省「学校給食指導の手びき（小学校編）」
1977	（学習指導要領改訂）	（1977年告示　小学校学習指導要領） ※学校給食は「特別活動」の「学級指導」に位置
1978	指導要領解説 ❸	文部省「小学校指導書　特別活動編」
1984	給食手引 ④	文部省編「新学校給食指導の手びき――思いやりの心とたくましい体つくりを目指して――」
1989	（学習指導要領改訂）	（1989年告示　小学校学習指導要領） ※学校給食は「特別活動」の「学級活動」に位置
1989	指導要領解説 ❹	文部省「小学校指導書　特別活動編」
1992	給食手引 ⑤	文部省編「学校給食指導の手引」
1998	（学習指導要領改訂）	（1998年告示　小学校学習指導要領） ※学校給食は「特別活動」の「学級活動」に位置
1999	指導要領解説 ❺	文部省「学習指導要領解説　特別活動編」
2000	給食手引 ⑥	文部省「食に関する指導参考資料（小学校編）」
2003	（学習指導要領改正）	（2003年改正　小学校学習指導要領）
2005	（食育基本法成立）	（食育基本法成立）
2007	給食手引 ⑦	文部科学省「食に関する指導の手引（平成19年3月）」
2008	給食法目標 ❷	（学校給食法改正）
2008	（学習指導要領改訂）	（2008年告示　小学校学習指導要領） ※学校給食は「特別活動」の「学級活動」に位置
2008	指導要領解説 ❻	文部科学省「学習指導要領解説　特別活動編」
2010	給食手引 ⑧	文部科学省「食に関する指導の手引――第一次改訂版――」
2017	（学習指導要領改訂）	（2017年告示　小学校学習指導要領） ※学校給食は「特別活動」の「学級活動」に位置
2017	指導要領解説 ❼	文部科学省「学習指導要領解説　特別活動編」
2017	給食手引 ⑨	文部科学省「栄養教諭を中核としたこれからの学校の食育」
2019	給食手引 ⑩	文部科学省「食に関する指導の手引――第二次改訂版――」

で明るい社交性が身につく。
（2）日常生活における望ましい食事の習慣が身につく。
（3）日々の合理的な食生活によって健康が増進する。
（4）日常生活の食事に関連するいろいろの仕事と責任を科学的、合理的に処理することができる。
（5）食生活が科学的、合理的に進歩向上する。

文部省（1952）「学校給食を中心とする学習指導」より[*18]

また、1954年成立当時の学校給食法における給食の目標（給食法目標❶）は次のような内容であった。

第二条　学校給食については、小学校における教育の目的を実現するために、左の各号に掲げる目標の達成に努めなければならない。
一　日常生活における食事について、正しい理解と望ましい習慣を養うこと。
二　学校生活を豊かにし、明るい社交性を養うこと。
三　食生活の合理化、栄養の改善及び健康の増進を図ること。
四　食糧の生産、配分及び消費について、正しい理解に導くこと。

1954年成立時の「学校給食法」より[*19]

給食手引①と給食法目標❶を比較すると、厳密に同一の内容ではないものの、給食手引①における目標（1）「好ましい人間関係（楽しく会食・明るい社交性）」と、目標（2）「食事の体得（望ましい習慣・正しい在り方）」の内容が、給食法目標❶においても最初の2項目として示されている。学習指導要領に初めて学校給食が位置付けられた際の1960年の指導要領解説には学校給食のねらいが要約され、「日常生活における食事について、正しい理解と望ましい習慣を養うとともに、健康の増進を図り、明るい社交性を育成する。[*20]」とある。

その後の給食手引や指導要領解説においても、次のように簡潔に、食事の体得と好ましい人間関係が重要であることが示されている。

学校給食法では学校給食の目標を定めているが、この目標を受けて、小学校並びに中学校の指導書特別活動編では給食指導のねらいを次のように示している。

小学校においては

- 正しい食事の在り方を体得させる
- 食事を通して好ましい人間関係の育成を図る

中学校においては

- 望ましい食習慣の形成
- 食事を通しての好ましい人間関係の育成を図る

文部省（1992）「学校給食指導の手引」より[*21]

1952年から1999年まで、学校給食の目標・ねらいの内容は、食事の体得（望ましい習慣・正しい在り方）と好ましい人間関係（楽しく会食・明るい社交性）を育成するという2つを軸として構成されていた。

〈2〉健康教育転換期　2000～2006年

2000年給食手引⑥から、「学校給食指導」ではなく「食に関する指導」の手引へと名称が変更される。給食手引⑥では、学校給食の目標ではなく食に関する指導の目標が次のように示されている。

生涯にわたって健康で生き生きとした生活を送ることを目指し、児童一人一人が正しい食事の在り方や望ましい食習慣を身に付け、食事を通じて自らの健康管理ができるようにすること。
また、楽しい食事や給食活動を通じて、豊かな心を育成し社会性を涵養すること。

文部省（2000）「食に関する指導参考資料（小学校編）」より[*22]

第2章でも述べた通り、「食に関する指導」は健康教育を意図した用語であり、ここに記されている目標においても食事を通じた健康管理が強調されていると言えよう。

2000年以降は、学校給食の健康教育としての意義にさらなる注目が集まる時期であったと考えられる。これまで食事の体得と好ましい人間関係が2本柱で示されていたのに対し、ここからは食事の体得（望ましい食習慣を身に付けさせること）が強く押し出される形となり、健康教育としての意義が重視されることとなった。

〈3〉喜び楽しさ理解・人間関係形成能力期　2007年以降〜現在

食育基本法成立後の2007年給食手引⑦においては、「食育」という用語が記載され、「学校における食育を推進すること」は「意図的に学校給食を教材として活用しつつ給食の時間をはじめとする関連教科等における食に関する指導を体系付け、学校教育活動全体を通じて総合的に推進すること[*23]」であると定義付けられた。学校給食を教材として活用することや、給食の時間における指導にも触れられている。

2008年の学校給食法改正（給食法目標❷）では、食育基本法成立を受けて学校給食の目標がそれまでの4項目から7項目に拡充される。この頃から、学校給食独自の教育目標ではなく、食育および食に関する指導の中に学校給食の教育目標も包摂されていく印象が強い。同じく

２００８年告示の学習指導要領においては、「食育」の用語が記載され、同時に、教育目標も独特の表現になる。

給食手引⑦における食に関する指導の目標は、「食事の重要性、食事の喜び、楽しさを理解する。」に始まる。「楽しく会食する・食事する（給食手引①及び指導要領解説❷❸における学校給食の目標・ねらい、給食手引⑥における食に関する指導の目標・ねらい）」という表現ではなく、「楽しさを理解する・在り方を考える（給食手引⑦⑧⑩における食に関する指導の目標・ねらい）」という表現になった。楽しさや喜びが、感じるべきものではなく、理解されるべきものに置き換わった。これは、必ず食事場面を含む学校給食のみを扱うのではなく、座学を含めた授業も想定する「食に関する指導」のための目標となったからであると考えられる。この他にも「～を理解する」「～能力を身に付ける」「（感謝・尊敬）する心をもつ」のいずれかの表現で記され、好ましい人間関係と同等の意味が含まれる言葉として「人間関係形成能力」が使われている。「好ましい人間関係を育てる・育成（指導要領解説❷❸及び給食手引③④⑤の学校給食の目標・ねらいの内容）」ではなく「人間関係形成能力を身に付ける（給食手引⑦⑧⑩の食に関する指導における目標・ねらい）」と表現が変更されることによって、育まれるものが人間関係そのものではなく個人の能力のように表現が変更された。また、人間関係形成能力は、食事の楽しさとは別項目で「食事のマナーや食事を通じた人間関係形成能力を身に付ける。（給食手引⑦⑧⑩の食に関する指導における目標・ねらい）」と記述されている。個人が給食を通じて習得すべき能力としてはわかりやすく書かれているが、かえってそのために、関係を育む場としての意義、すなわち能力の問題ではなく育まれる関係において学ばれる視点が捉えにくくなったようにも受け取れる。

ここまで見てきたように、日本の学校給食は教育として位置付けられ、その目標・ねらいが3か所において示されてきた。学校給食の目標・ねらいは、かつて、食事の場だからこそ培われる〝良好な人間関係〟を〝食事の体得〟と同等に重要なものとして位置付けていた。

しかし、2000年前後に健康教育の一環として実施される「食に関する指導」および「食育」が注目されてからは、学校給食の目標もそれらに包摂され、〝望ましい食習慣の形成〟といった健康教育に関連する目標がより重視される傾向が見られた。

註

＊1　改正前の給食の目標である給食法目標（1）においても「学校給食については、小学校における教育の目的を実現するために、左の各号に掲げる目標の達成に努めなければならない」と述べられている。

＊2　教育基本法の第一条　教育の目的。

＊3　教育基本法は平成18（2006）年に改正されたが、「人格の完成」を目指す、という文言は改正前の昭和22（1947）年第25号と同じである。改正前（1947年）の文言は「第一条（教育の目的）教育は、人格の完成をめざし、平和的な国家及び社会の形成者として、真理と正義を愛し、個人の価値をたつとび、勤労と責任を重んじ、自主的精神に充ちた心身ともに健康な国民の育成を期して行われなければならない。」であった。

＊4　なお、学校給食法成立において関わりが深かったと考えられる人物、中村鎮は1954年当時「この目標は、学校教育法第十七条（小学校教育の目的）および同法第十八条（小学校教育の目標）と対照的に規定されている」（時の法令、通号144、14頁）と述べている。

＊5　図中の「目的」の説明においては、広辞苑（新村出編、2008）の以下の記載②を用いた。
もく-てき【目的】①成し遂げようと目指す事柄。行為の目指すところ。意図している事柄。②〔哲〕意志によってその実現が欲求され、行為の目標として行為を規定し、方向づけるもの。
また、大辞林（松村明編、2006）には次のようにあり、意味は近いと考えられるが〝方向づける〟と明記される広辞苑の言葉を採用した。
もく-てき【目的】（1）実現しよう、到達しようとして目指す事柄。めあて。（2）〔哲〕行為において目指すもの。それのために、またそれに向けて行為が行われ、実現が求められるもの。

＊6　尾崎博美（2009）、教育目的論における「教育目標」概念の分析――「教育目標」――「教育目的」の関係性の再検討を通して」――、東北大学大学院教育学研究科研究年報58（1）、14頁。

＊7　註6に同じ、17頁。

＊8　ただし、尾崎は、「共通して説明されている」ではなく「両者の間に差異が生じる場合が認識されることなく説明されている」と述べるのが適切であると補足している。

＊9　註6に同じ、18頁。

＊10　註6に同じ、27頁。

＊11　註6に同じ、27頁。

＊12　桑原作次著・広岡亮蔵編（１９７５）、「教育目的」「教育目標」、授業研究大辞典、明治図書出版株式会社、42－43頁。
＊13　註12に同じ、43頁。
＊14　新村出編（２００８）、広辞苑第六版、岩波書店、１４３８頁。
＊15　この点が尾崎（２００９）の論と同一かどうかには注意が必要である。
＊16　註12に同じ、43頁。
＊17　中村鎮（１９４９）、教育技術としての学校給食、栗林書房。中村鎮編（１９５０）、学校給食読本、時事通信社。中村鎮（１９５０）、小学校の完全給食、第一出版。
＊18　文部省（１９５２）、学校給食を中心とする学習指導、７頁。
＊19　学校給食法改正前の法律文が衆議院のホームページに掲載されている。法律第百六十号（昭二九・六・三）。https://www.shugiin.go.jp/internet/itdb_housei.nsf/html/houritsu/01919540603160.htm（取得日２０２３年12月22日）
＊20　文部省（１９６０）、小学校学校行事等指導書、30頁。
＊21　文部省（１９９２）、学校給食指導の手引、20頁。
＊22　文部省（２０００）、食に関する指導参考資料（小学校編）、９頁。
＊23　文部科学省（２００７）、食に関する指導の手引（平成19年３月）、６頁。

第4章　学校給食と「子どもの学び」

ここまで、学校給食の歴史を振り返り、給食・食教育に関する用語を確認するとともに、学校教育における給食の位置付けと変遷をみた。最初は苦境にある子どもたちを救済するための学校給食であったが、福祉的意義だけの給食から、教育的意義を併せ持つ給食へと変化を遂げ、今日では数多くの給食・食教育に関連する用語が扱われるほどに進化している。

教育的意義を有する学校給食と言うからには、どのような教育的意義があるのかを考えなくてはならない。学校給食法において、給食は「教育の目的を実現するために」掲げられた目標が達成されるように努めて行われなければならないとされており、第3章では、その「教育の目的」として教育基本法の第一条にある「人格の完成」という文言に着目して、学校給食の目標との関係を論じた。学校給食の目標として掲げられている7つの項目は、いずれも「人格の完成」に向けて描かれた具体的な人間像であり、どれか1つの項目に執着して、もとの教育目的であった「人格の完成」を見失ったり矛盾させたりといった給食の在り方は避けなければならないことを示した。また同時に、学校給食の目標7項目は精密に考えられたものではあるが、子どもたちが給食を通じて人格の完成に向けて達成できる目標は、7項目の他にもあるかもしれないことを述べた。つまり、子どもたちの給食を通じた学びの範囲や可能性は、必ずしも7項目の範疇に限られたものではないのではないか。さらに言えば、教育目的である「人格の完成」のような目指すべき方向を示す言葉にもいくつかの表現が可能であり、たとえば食育の目的には「豊かな人間性」という表現もある。給食を通じた教育、食教育においては、「人格の完成」や「豊かな人間性」という方向を向いた教育が求められていると言えるだろう。ただし、学校給食の目標・ねらいは2000年以降、健康教育転換期を経て軸足を健康教育にうつしてきた（第3章の2）。

このことを基に、本研究においては、あくまでも給食を通じた学びとは「人格の完成」に向けて人を育むことであるとする姿勢を大切にしたい。その人間像がどうであるのかは、その人が語る世界や、人と人との関係を描くことで説明されるものだと考える。だとすると、学校給食で子どもたちが何を学んだのかを考える時、「〇〇がわかっている」「〇〇ができる」などのポイント制で数値化するという方法では、結局は研究者側が想定した能力の足し算によって評価する仕組みとなってしまい、人間像を描くことからもほど遠くなり、子どもの学びにおける本質的な意義の説明・解明ができないであろう。そこで本研究においては、給食を通じた教育によって得られた子どもたちの学び、つまり、「人格の完成」に向けた人間像を、卒業生へのインタビューによる研究成果によって表出することを目指したい。

第二部では、学校給食を教育の重要な柱として位置付け、11年にも及ぶ豊かな教育実践を展開した旧久美浜町川上小学校の給食教育を取り上げる。すでに40年以上も前の教育実践だが、当時の教職員と、小学生であった卒業生にインタビューを行い、川上小学校の給食教育がどのようなきっかけで始まり、子どもたちにどのような学びをもたらしたのかを明らかにする。

第Ⅱ部

川上小学校の〝給食教育〟で子どもたちは何を学んだのか

第5章　本研究の検討方法について

川上小学校の教育実践や元教職員らの取り組みは、これまでにも多くの教育学研究者の注目を集めてきた。当時の教頭・渋谷忠男は教育実践家として著名な人物であり、特に臼井嘉一らの研究グループが渋谷の実践の功績をまとめている。[＊1]川上小学校の教育実践は郷土教育的視点の他に到達度評価、[＊2、3、4、5]地域に根ざした教育、[＊6]そして学校給食の視点から論じられてきた。[＊7、8、9]ここでは、川上小学校の給食がどのように論じられてきたかを確認し、問題の所在と研究目的・方法を述べる。

1　川上小学校の給食に関する先行研究

晴山（1985）は、学校給食は教育の一環として〝真に〟成立しているのかという問いをたて、京都府奥丹後地域にある川上小学校と長岡小学校の2校（奥丹後グループ）と、他県の小学校1校及び給食センター1施設（他県グループ）を対象とし、2つのグループ間における献立の構成・食材の使用頻度の違いを比較分析した。[*10] またそれに加えて、川上小学校と長岡小学校の給食教育実践を分析し、その教育が献立の構成や使用食材とどのような関係にあるかを分析してまとめた。奥丹後グループでは米飯が１００％であったのに対し、他県グループでは36・5～54・３％がパン食であった。また、奥丹後グループでは副食が三菜以上（主食以外の料理数を指しており、現在で言う「主菜」「副菜」の料理数が合わせて3品以上であることを意味する）の場合が70・1～80・1％であったのに対し、他県グループでは40・1～63・5％にとどまっていたという。食材の使用に関する分析結果は、奥丹後グループにおいては他県グループよりも、米・ごま・豆（大豆製品ではなく豆として使用する）・魚加工食品・小魚類の使用が多く、いか・えび・牛肉・鶏肉・豚肉・乳・乳製品の使用が少なかった。同論文においては、比較結果から奥丹後グループの方が望ましい献立を実施しているとみなした。

続いて晴山は、川上小学校と長岡小学校の給食教育方針を分析し、その重要な特徴として、学校給食を単に栄養補給の場や親への支援としてのみ捉えるのではなく、①健康教育とのかかわり、②集団教育とのかかわり、③労働・生産教育とのかかわりがあることを指摘した。検討結果を読むと、献立においては、特に①健康教育とのかかわりが影響していたようだ。晴山はそれらをまとめて、学校教育の一環として成立している給食として、次の５つの特徴を説明した。

①学校給食が地域に根ざす教育として、学校教育全体の方針のなかに位置づくこと。

②学校給食教育の方針の基底に、たとえば、健康教育、集団教育、労働・生産教育のような教育方針が必要なこと。
③上記①、②をふまえて、食材料の選択には地域性が必要なこと。
④献立構成において、主食は米飯であり、副食は品数が多いこと。
⑤給食活動を通して、子ども自身が食文化の担い手として自己成長させること。

晴山克枝（1985）、「地域に根ざす学校給食論」より[*11]

晴山が最上位に述べているように、学校給食が学校教育全体の方針のなかに位置付いていることをみるのは重要な視点であると考えられる。晴山の報告は、川上小学校と長岡小学校の両方の小学校における給食教育方針を検討し、その共通点をまとめた唯一の報告であり、当時の奥丹後地域において給食教育が活発であったことが示唆される。実際に、奥丹後教育研究集会、丹後給食研究集会などにおける川上小学校や長岡小学校の給食報告資料が残されていた。

晴山の報告[*12]から、長岡小学校も注目に値する給食教育を実践していたと考えられる。しかし1980年代当時、研究者やマスメディアが特に注目したのは川上小学校であった。川上小学校の給食はNHK等のテレビ番組でその様子が放送されたり、新聞の連載記事にも取り上げられるなどしており、検討可能な資料が多く残されている。

秋永・中村（1998）は、学校給食を通じた食文化教育的学びに着目し、給食の実践として3

つの視点『人権の尊重』『社会性の育成』『自然的環境との関わり』をもって取り組まれることが食文化教育として重要であることを述べた。それらの視点を合わせ持つ実際の例として川上小学校給食を取り上げて評価している。[*13]

新村洋史は「食と人間形成」の議論において〝よい例〟となる給食実践として川上小学校の給食を位置付けた。[*14]新村の著書においては、当時の給食調理員として川上給食教育の中心的な存在であった安達幸子さんの報告を「第六章地域に根ざした学校給食――労働教育と結びつけた食教育の創造――」として編成している。[*15]

川上給食教育（「給食教育」の用語については第２章参照）に関しては、当時の給食調理員であった安達幸子さんが先の報告に記した他、川上給食教育が始まる契機を生み出した人物である渋谷忠男が著書を出版している。[*16]また、当時の教諭であった岩田泰子による報告[*17]もある。

2　本研究の目的

しかし、ここまでの先行研究や文献等では十分に明らかにされていないことが２つある。１つは、川上小学校における給食実践の実践期間や経緯である。先行研究では川上小学校の給食において優れた教育実践が行われていたことを扱っているが、それがいつ始まり、どのような内容で続き、いつまで続いていたのかが明らかになっていない。そのために、川上給食教育における学びを検討する上で、どの年に在学した児童を調べればよいのかがわからない。さらには、注目を浴びた実践がなぜ始まったのかについてもその経緯の詳細が十分に明らかにされていない。これらの実践期や実践経緯が明らかにされなければ、実践分析を行うにも根拠が乏しく、どの実践期において何が学ばれたのかを調査するための前提となる実践期在学対象者も抽出することができない。

もう1つは、川上給食教育で子どもたちは何を学んだのか、子どもたち側の学びや成長が調べられていないということである。これまで給食教育がどのようなものであるかという、実践そのものの分析はなされてきたが、その実践を経験した子どもたちにとってどのような学びがもたらされる教育であったのか、それをみるための子どもたちの学びは検討されていない。教育実践は真に子どもの学びと成長に貢献するものでなければならず、そのためには子どもの学びを調べる必要がある。

そこで、第6～8章において、川上小学校の給食における実践の歩みを明確にし、その実践内容の詳細を記す。さらに、第9章で川上小学校の卒業生のインタビューを通じた、子ども側の学びを描き出したい。

3　調査方法

川上小学校における〝著名な米飯給食実践期〟に在職されていた教職員3名にインタビュー調査を実施した。３名の元教職員とは、当時教頭の渋谷忠男先生、当時教諭の大場耕作先生、当時用務員兼給食調理員の福井芳子さんである。なお、本研究では対話文を引用し検討を行う特質上、本章の一部及び第6章〜第10章において、対象者に敬称を付けて表記する場合がある。インタビューは２０１６年10月24日に実施し、調査者1名（和井田）、対象者３名、研究協力者１名（Oさん）の、計5名による2時間ほどのグループインタビュー形式で実施した。２０１７年３月までに、インタビュー書き起こし原稿を参加者全員に確認した。

書き起こしインタビューは、話の順番がわかるよう、話の内容の区切れ目で分節に分けて番号をつけた。分節はＴ３－１からＴ３－47まで、全部で47生成された。本文中に対話を引用する際には【T3-1】のように引用元となる対話が含まれる分節番号を記した。

また、川上小学校の校舎と関係者宅から資料・史料２８３点、その他に公共施設や研究者等から関連資料・史料を収集した。これらをもとに当時の実践の様子や経緯を分析した。

4　分析の視点

本研究では、得られたインタビュー対話を、野口のナラティヴ・アプローチ概念「ナラティヴという形式を手がかりにしてなんらかの現実に接近していく方法」[*18]に基づいて分析することとした。ナラティヴ・アプローチ概念とは、「ナラティヴそれ自体を研究することが目的なのではなく、なんらかの現象を研究したり、なんらかの対象に働きかける実践をする際に、ナラティヴという形式を手がかりにする」[*19]ことを意味する。

本研究で扱う2016年のインタビュー対話は、調査者が初めて川上小学校の取り組みを調べに訪問した時のものである。調査者は当時、栄養士の立場から川上小学校の実践を見ており「パン給食を一度も実施したことがないことで有名」な川上小学校という位置を重視していた。ここで言う調査者の栄養士としての視点とは、たとえば献立や食事の内容として優れているという意味において川上小学校給食の価値を見ようとするものである。当時のインタビューはそのような視点で給食実践を掘り下げようと考えて調査に挑んだために、調査者側と対象者側とで同じ言葉を別の意味で使い続けるなどの齟齬が生じている。そういった齟齬がなぜ生じたのかを分析に含めることで、川上小学校給食教育実践の経緯について、これまで説明されていたものとは別のストーリーが新たに発見・生成されたと言える。新たに発見・生成されるストーリーのもつ意味が本研究の成果となる。

本研究では、当時の教育計画（または教育方針、学校要覧）を一次資料として扱う。あくまでも当時の教育計画であり、実践記録ではないことに留意する。計画されたことが実際には行われなかったり、計画されていないことが行われたりといった可能性を常に含むことを前提として扱う。

5　倫理的配慮

本研究において重要な実践家である元教職員4名の名前は本名で扱う。4名とは、インタビュー対象者である渋谷忠男先生、大場耕作先生、福井芳子さんと、当時給食調理員として実践の中核を担っていた故・安達幸子さんである。公表に際し、一般公開されている著書がある場合を除いて、本人または家族に確認をとることとした。

註

＊1　臼井嘉一・田中武雄・木全清博・斉藤利彦・和井田清司・梅野正信・木村博一・武藤拓也・板橋孝幸（2007－2009）、戦後日本における教育実践の展開過程に関する総合的調査研究、基盤研究（B）。

＊2　小林千枝子（2000）、奥丹後・川上小学校の教育実践と到達度評価――教育における住民自治の一つのあり方を探る、作新学院大学紀要（10）、209－236頁。

＊3　小林千枝子（2008）、「地域」と「教育」をつなぐ筋道に関する一考察――奥丹後・川上小学校の到達度評価実践を手がかりに、作新学院大学紀要（18）、39－53頁。

＊4　菊地愛美（２０１０）、「地域に根ざした教育」と到達度評価──川上小学校における地域と「学力」の歴史的様態、教育目標・評価学会紀要（20）、69－78頁。
＊5　菊地愛美（２０１１）、「地域に根ざした教育」と到達度評価──１９７０年代・京都府久美浜町立川上小学校関係者に対する面接調査の報告、埼玉大学教育臨床研究（５）、１１７－１２３頁。
＊6　仲田陽一（２０１６）、地域に根ざす学校づくり──〝子どもが主人公〟の学校改革を求めて、本の泉社。
＊7　新村洋史編著（１９８３）、食と人間形成──教育としての学校給食、青木書店。
＊8　晴山克枝（１９８５）、地域に根ざす学校給食論、福島大学教育実践研究紀要（８）、53－62頁。
＊9　秋永優子、中村修（１９９８）、学校給食における現代的課題としての食文化教育の内容と視点、日本家政学会誌、49（２）、１９９－２０６頁。
＊10　註８に同じ。
＊11　註８に同じ、61頁。
＊12　註８に同じ。
＊13　註９に同じ。
＊14　註７に同じ、88－91頁。
＊15　安達幸子（１９８３）、第六章地域に根ざした学校給食──労働教育と結びつけた食教育の創造──、『食と人間形成』、新村洋史編著、１９９－２１５頁（註7の一部）。
＊16　渋谷忠男（１９８８）、学校は地域に何ができるか（人間選書１２６）、農山漁村文化協会。
＊17　岩田泰子（１９８２）、地域に根ざした〝学校給食〟（学校の再建〈特集〉）、教育32（６）、69－83頁。
＊18　野口裕二（２００５）、ナラティヴの臨床社会学、勁草書房。
＊19　野口裕二（２００９）、ナラティヴ・アプローチ、勁草書房、18頁。

第6章 川上小学校の給食の変遷
——地域に根ざした米飯給食として著名な存在

1 川上地域の環境と歩み

川上小学校の給食の変遷を説明する前に、川上の地域特性について触れておきたい。２０１４年３月に閉校し、すでに跡地となった川上小学校は旧久美浜町、現在の京都府京丹後市内にあった。周りには美しくのどかな山々と、広く続く田んぼがある。京都府の最北、日本海側に面し、久美浜湾がある。川上小学校は久美浜湾より南の内陸に位置し、山々に囲まれている。おいしい米、野菜、果物、魚介類が豊富にとれる、豊かな自然に恵まれた地にある。２０１９年に訪れた際には、校舎は地域交流の場として活用されていた。何十年も保管されてきた多数の地域教材(昔の生活用具、農具など)が現存し、独特で重厚な教育活動の歴史をもつ小学校であることを思わせた。日本都市センターによると、２００４年４月１日に以前の峰山町、大宮町、網野町、丹後町、弥栄町、久美浜町が合併し、「京丹後市」となった。[*1] さらにひと昔前、久美浜町は１９５５

年1月1日に、熊野郡とも呼ばれる川上・海部・久美浜・田村・神野・湊の6か町村を合併して久美浜町として誕生した。1975年に編纂された久美浜町誌には、熊野郡の中でも川上地区（川上村）は特に米が良質であったと記されている。[*2]

歴史ある稲作地帯であり、良質な米がとれる川上地区においても、高度経済成長（日本経済の飛躍的な成長、1955年から1973年頃まで）の波がおしよせ、農業を営む人々の生活に変化を強いた。川上地区においてそれが具体的に「あらわれ出た」のは1960（昭和35）年頃だったという。[*3]現金収入を拡大する方法として、当時の川上の人々は3つの方法に取り組んだ。1つ目は種苗採取、2つ目は有畜農業、そして3つ目は機業であった。

> 機業による収入は最もよかった。当時米は一俵が四〇〇〇円であったから、反収八俵として三二〇〇〇円である。ところが織機は一台で月収三万円以上あがった。二台で七万円になった。ちょうど織機一台動かせば、一町歩の農業をするに等しかったのである。（略）その当時は時間制限もないときだから、一日十一時間～十二時間も織機を動かし骨身をけずって働いた。
>
> 『川上百年史』1975年より[*4]

最も収入が得られて安定していた機業は川上地区でも定着し、1970年以降も機業兼業農家の家庭が増加し続けた。しかし、物価上昇に比して工賃が上がらなかったために、労働時間の延長、織機台数の増加によって切り抜けようとし、肉体的に大変な無理が生じたと言う[*5]。その結果、子どもにかける時間が減り、子どもとの対話がなくなる、食生活が変化する、小さい子どもがテレビを長時間見る、それも織機の大きい音を避けてテレビを至近距離で見るために著しく視力が低下するなどの数多くの問題が生じる。そのような社会・産業構造の変化から子どもたちに起きはじめた変化を「近頃なんだか子どもたちの様子がおかしい」と気づき、生活実態調査運動[*6]に導いたのが川上小学校であった。

川上小学校給食の実践期の変遷を図６－１にまとめた。図の中央にある矢印は実践期をあらわしている。１９３９年までに開始された「戦前戦後味噌汁給食期」に始まり、１９６１年頃から「弁当米飯給食期」となる。食堂建設とともに始まる１９７６年から１９８７年までの「川上給食教育期」が本研究で中心的に扱いたい実践期である（この実践期は、自校炊飯した米飯給食を開始した時期でもある。第７章参照）。１９８８年には木造校舎が鉄筋コンクリート（ＲＣ）造りの校舎に建て替わり、１９７６年に作られた保護者らの木造手作り食堂が一新される。食堂が建て替わる年を実践期の区切れ目とし、１９８８年以降を「自校炊飯米飯給食期（ＲＣ食堂）」とした。また、１９７６年に食堂ができるまでは教室で給食を食べていたが、１９７６年以降は建て替え時にも新しい食堂が建設され、閉校までＲＣ食堂（ランチルーム）の伝統が続いた。

実践期の下に示した灰色の矢印は当時の教職員が川上小学校に在職した期間である。給食調理

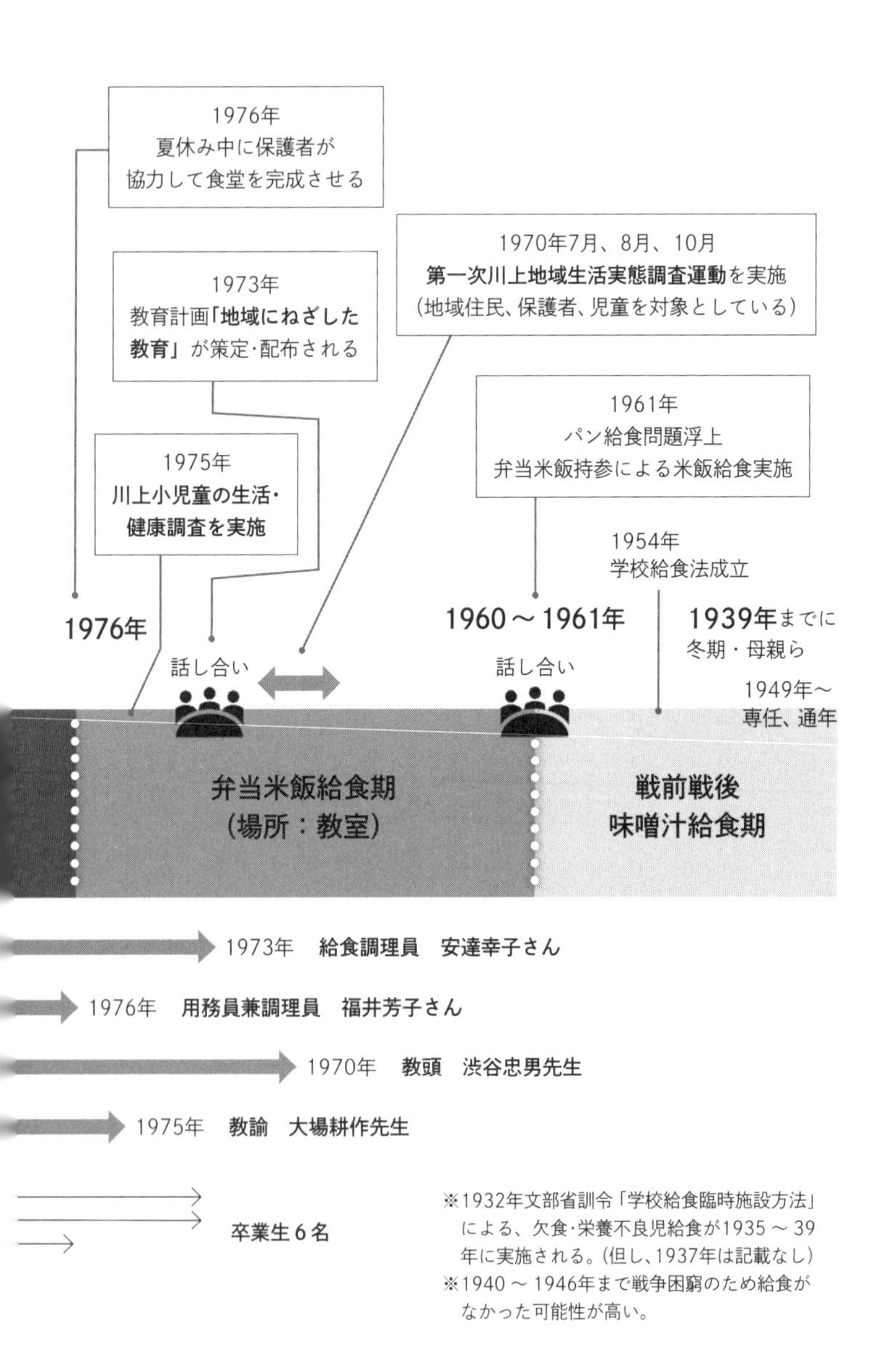

※1932年文部省訓令「学校給食臨時施設方法」による、欠食・栄養不良児給食が1935～39年に実施される。（但し、1937年は記載なし）
※1940～1946年まで戦争困窮のため給食がなかった可能性が高い。

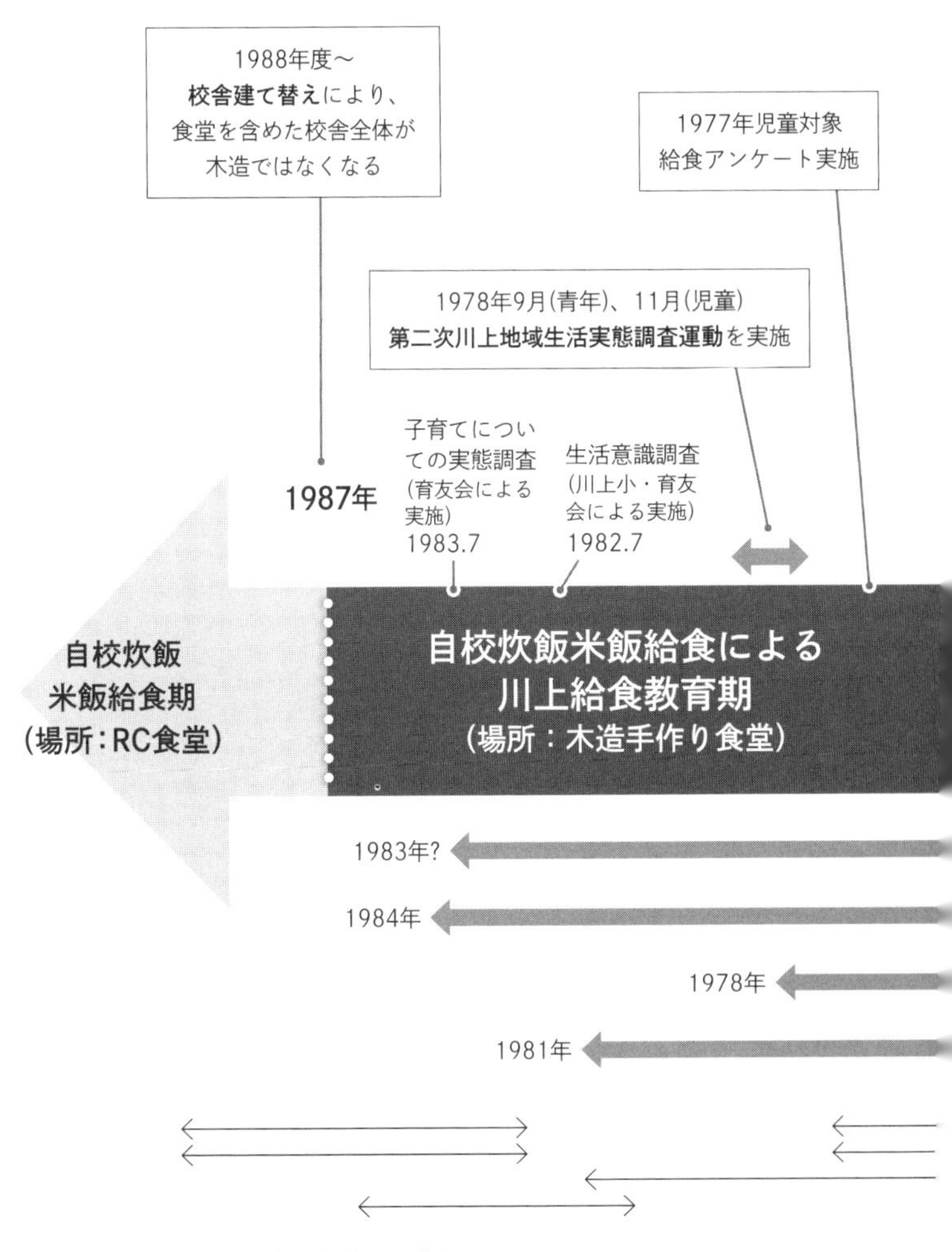

図6-1　川上小学校給食の実践期の変遷

員の安達幸子さんは1973年から川上小学校で調理を担当し、1983年頃まで川上小学校にいたと考えられる。用務員兼調理員の福井芳子さんは1976年から1984年まで川上小学校で勤めた。安達さんと福井さんの〝ペア〟が川上給食教育を発展させたと考えられる。渋谷忠男先生は1970年に川上小学校に教頭として就任し、同年に展開することとなる川上地域生活実態調査運動（第8章参照）を巻き起こした人物である。1978年まで川上小学校にいた。大場耕作先生は1975年から1981年まで川上小学校で担任教諭を務めた。

矢印の下にある細い矢印は、第9章でインタビューに応じた卒業生の在学時期をおよそで示したものである。

2　味噌汁給食期（戦前〜1961年頃）

川上百年史によると、1935（昭和10）年に川上小学校では臨時施設費をもって初めての給食が実施されている。[*7] その後も1936年、1938年、1939年に欠食・栄養不良児童への給食が実施されたと記されている。[*8] 一方で、久美浜町誌によると当時の熊野郡においては「大正十（1921）年、本郡で農繁期休業を実施する学校が出始め、昭和十（1935）年には全校で実施するようになった。大正十三（1924）年、湊小学校で、母親たちの奉仕によって冬期のみそ汁給食が実施され、昭和十四（1939）年ごろには、ほとんどの学校で実施されるに至った。[*9]」

とある。川上小学校においても、当時から味噌汁給食が開始されていたと考えられ、時期的には臨時施設費の給食と重なる。

しかし、味噌汁給食が熊野郡で広まってきたと思われる１９３９（昭和14）年の翌年から開戦にかけて、食糧難の時代が始まる。豊かな食料生産地である久美浜町周辺で作られる作物も国に管理されるようになり、給食は中断された。食べ物に豊かなはずの農家、その子どもまでもが戦時下で飢えた。１９４７年に復活した味噌汁給食[*10]は、母親ら育友会の当番制で実施されていた。[*11]１９１２（明治45）年に熊野郡に生まれ、１９４９年当時川上小学校で教員をした平田真子さんが記した『思い出を綴る――生活の歴史』には当時の給食の様子が描かれている。

川上小では、冬季だけ味噌汁給食だったのが、24年10月５日学校給食実施指定校、実施開始となり、専任の調理婦さんが町職として勤務しられることになり、国谷すぎさんが主任で用務員さん２人（今井直太郎、野村うめさん）が手伝いました。私は学年担任外に給食係を仰せつかり、献立表作り（１カ月毎）、野菜集め（部落別に、各家庭割り当て）、給食材料注文並びに給食費徴収、支払い、栄養調査、経費報告と大変な作業で、家での夜業に加えて、主人の助力を得なければ追いつきませんでした。後、〇〇先生が仕事が多すぎると言い出してくださり、会計係を教頭先生に受け持っていただき、大分楽になりました。生徒の数は３５０人内外で、調理場は狭く、すべて手作業で、薪を使っての煮炊きでしたので、調理人さんたちの苦労も大変でした。そんなとき粉乳をアメリカから配給を受けることになり飲ませてもらいましたが、とてもまずくて子供達が好みませんでした。飼料用の粉乳だったようです。調理人さんの思いつきで、薩摩芋をさいの目に切って似たのを混ぜ合わせた調理の結果、少し飲みやすくなりましたが、手間は多くなり大変でした。

こんなこともありました。野菜の集まっている状況を見られたある父兄が、「わが子が食べる野菜は家で一番良いのを持参するのが親心なのに、こんな品質の悪いものを持ち込んで恥ずかしくないのか」と怒られ、育友会のとき話され、以後良い野菜が多く集まるようになりました。

『思い出を綴る――生活の歴史』１９９９年より[*12]

しかし、ここに記されている当時はまだ学校給食法がなく、給食そのものが存続の危機にあった。

3　弁当米飯給食期（1961〜1976年）

１９６１（昭和36）年頃、川上小学校ではパン給食導入をどうするかが議論になったと記録にある。

昭和三十六年、パン給食による完全給食が問題にされる頃、育友会ではかなり議論されたが、川上地区ではほとんど農家で米作しているので、外国から輸入する小麦粉のパンを食べさせなくてもよいという結論に達し、それ以来一度もパン給食はせず弁当持参副食給食という形態で今日に至る。

川上小学校教育方針『地域にねざした教育』昭和五十四（１９７９）年度版より[*13]

同じ久美浜町内の他の小学校が次々とパン給食導入による完全給食実施を実現するなかで、川上小学校だけは別の道を選択する。主食とするご飯は各自で弁当箱に入れて家から持参し、給食ではおかずのみを提供することで、米飯による完全給食を実現する方法が採用された。日本では１９７６年に初めて米飯給食が完全給食の主食として認められるため、当時パン給食を拒否したことが非常に注目されたと考えられる。弁当持参式ではあったが、川上小学校では１９６１年から明確にパン給食を拒否した米飯給食が実施されていたと言える。ただし、この頃はまだ食堂はなく、他の小学校と同様に教室で給食を食べていた。

4　川上給食教育期（1976〜1987年）

川上小学校では、１９７６年に初めて自校炊飯の米飯給食が実現した。川上給食教育の実践期（川上小学校関係者間では〝米飯給食〟と呼ばれる実践期）こそが、川上小学校関係者にとっての注目されるべき実践期間であることが第７〜９章で示すインタビューで確認できた。インタビューにおいては、当時の教諭である大場先生が「米飯給食渋谷先生の考えだもの【T３‐２】」、渋谷先生が「（先生方が考え始めてから）だいぶすぎとったね【T３‐５】」と語っている。教育に基づく〝考え〟が実現する〝米飯給食〟は、１９６１年に開始されていた弁当米飯給食期にはない〝何か〟が始まったもの、ということになる。そこで本研究では、注目すべき給食実践期を、実際に米飯給食が開始された１９６１年ではなく、何らかの教育活動が開始したと認識されている１９７６年以降とした。

１９７６年にはじまる川上給食教育期の特徴的な契機として、食堂（ランチルーム）建設があった。この食堂は、保護者らが空き教室を改修して建設した手作り食堂であった。その食堂は、全児童教職員が一堂に会せる広さであり、それまで教室で食べていた給食が、この時（１９７６年度）から食堂において皆で食べるものになった。それが「集団教育（第７章参照）」を可能にした。つまり、自校炊飯の米飯としただけでなく、保護者らの協力によってできた手作り食堂が、１９７６年に始まる川上給食教育期の重要な契機であったと考えられる。

註

＊1　日本都市センター（２００４）、合併要覧　京丹後市。
https://www.toshi.or.jp/app-def/wp/wp-content/uploads/2013/09/kyoutango041213.pdf（取得日２０２３年12月22日）

＊2　久美浜町誌編纂委員会編（１９７５）、久美浜町誌、２９３頁。

＊3　川上小学校・水田亀寿・瀬戸宅二・渋谷忠男（１９７５）、川上百年史、１９７５年4月1日、峰山孔版社、91頁。

＊4　註３に同じ。

＊5　註３に同じ、92頁。

＊6　生活実態調査運動については、第8章で詳しく扱う。

＊7　註３に同じ、64頁。

＊8　註３に同じ、64－68頁。

＊9　註２に同じ、６７０頁。

＊10　註２に同じ、６７４頁。

＊11　川上小学校（１９７９）、川上小学校教育方針『地域にねざした教育』昭和五十四年度、71頁。

＊12　平田真子（１９９９）、『思い出を綴る——生活の歴史』（１９９９記）、74頁。川上小学校跡地（校長室）にて入手した資料（非売品）。

＊13　註11に同じ。

第7章　インタビューより①
――給食婦・さっちゃんを中心とした〝給食教育〟

1　「さっちゃん」と親しまれた安達幸子さん

安達幸子さんは、川上給食教育の実践期の給食調理員（当時は給食婦と呼ばれていた）であり、本実践の中心的存在である。2016年のインタビューで、当時の用務員兼給食調理員で安達さんとともに給食教育を発展させてきた福井芳子さんが、安達さんのことを「さっちゃんがね……」「さっちゃんのほうが……」と何度も当時の安達さんのことを最も大切な貢献者として話していた姿は印象的であった。渋谷忠男先生と大場耕作先生も、「さっちゃんは……」と振り返っており、先生方の間で安達さんではなく「さっちゃん」として残る、どこか特別な存在としての給食調理員「さっちゃん」がいた。実際に安達さんは、川上小学校の教職員集団の中で教育者としての力を発揮した一人だ。安達さんは当時のことをこのように記している。

先生がたからは、「給食室のなかにとじこもっていたんではだめだぞ。給食についての歯車は、調理員がしっかりと管理しなくては」など何度も聞かされました。いま学校のなかでは何が問題になっているかを知っていなくては子どもにかんしての仕事はできないと、職員会議にひっぱりだされました。あとかたづけも気になるのですが、必要なときは出席するようにしています。夜の育友会の会合にも参加し勉強します。

安達幸子「第六章地域に根ざした学校給食――労働教育と結びつけた食教育の創造――」（１９８３）より[*1]

安達さんたち給食調理員は、「給食室のなかにとじこもっていたんではだめだぞ」と教員に声をかけてもらっていた。安達さんはこのような働きかけを受けて、また自らも意識的に動くことで教育者の一人である給食調理員になっていく。

2　川上小学校のおいしい給食

給食そのものがおいしくなかったら、いくら教育活動として発展させて頑張っている給食であっても、食べ手の信頼を得るのは難しい。安達さんは食べ手である先生方から「さっちゃん」と呼ばれ、親しまれている。その実践をたどってみても、おそらく大変おいしい給食を毎日作っていたのだろうと想定できる。その理由は次の3点である。

(1) 厳選された食材

安達さんは地域の食材がいつ旬になって収穫されるかを地域を実際に見て回って献立を立てていた。〃いつ旬になるか〃と運搬のタイミングをふまえて、保護者が運搬した上で献立の〃どこに入れるか〃を見極めるためには、食材の生育を知り尽くしている必要がある。それに加えて、気候はその年その年で変動するものであり、例年まったく同じではない。1日の違いが給食献立においては致命的な狂いになるため、生産側の人々との活発な交流が欠かせなかっただろう。

一般的に学校給食の食材は、各都道府県にある学校給食会や、市町村等で契約した業者を通じて購入する。その場合、搬入の時間や検品が調理開始に間に合うように調整されている。川上小学校においても、時間に間に合うように納品されていたと考えられるが、当日の変更もあったであろうし、想定外の事態もあったと考えられる。よほど機転が利き、こまめに協力者と連絡を取り合う努力ができる給食従事者でなければ、安定した運営は不可能である。

(2) 栄養バランスと教育活動と食材の旬が考えられた献立

当時、町の栄養士が計画する栄養計算済みの共同献立が存在していた。しかし、食材は献立計画に合わせて生育してくれない。教育活動の一環でもある学校農園(第8章参照)からも食材を調達しているため、子どもたちの都合もある。それらの都合に合わせて栄養バランスが偏らないように献立をたてる必要があった。教育計画には「給食献立は、町献立研究会の予定表に基づいて実施します。川上小学校の独自性を十分いかしながら。[*2]」とある。町の献立に基づきながらも、育友会が運び込んでくれる旬の食材を使い、子どもたちが山で採取してきた野草を使い、川上小学校独自の献立を作っていた。その献立が子どもたちにどのような印象であったのか、実際にどうおいしかったのかは、当時の給食を毎日食べていた子どもたちの声を第９章で紹介したい。

（3）手間を惜しまない

安達さんは人員が足りていないと何度も教育計画に書いていた。１９７７年からはパート職員Mさんが加わって、安達さんと福井さんとMさんで調理を行っているが、３人で１６０〜１８０人分ほどの給食を用意するのである。それも、１人は給食運営管理まで行っており、もう１人は用務員を兼務している。大変な業務量である。その中で給食教育活動に取り組み、子どもたちの学びと成長のために努力を惜しまなかった。

子どもたちが採取してきた野草を塩漬けにしたり、教職員会議に出席したり、行事に参加したり、家庭科教育と連携して食材の調理を子どもたちに任せたり（子どもたちに手伝ってもらったからといって、作業として楽になるということは決してなかっただろう）、いつも子どもたちを最優先に考えていた。インタビューの終わりには、このような対話があった。

【T3-44】

和井田：先生方が給食室に遊びに来られる？

福井さん：そうそう。男の先生がよう喋りに来なって。

大場先生：憩いの場やったな。

渋谷先生：はっはっは。

福井さん：面白かったわ。あの、酒のかすがおいしいって。

渋谷先生：うん。

福井さん：冬、ストーブでちょっとナイショで焼いて食べとったら、「さっちゃん電話……」いうて、さっちゃんすぐ真っ赤になるやん。真っ赤な顔して職員室まで走って電話せんなんもんで、給食室にはないで、そんなこともあったし。

一　同：(笑い)。

福井さん：本当に川上は40年なるけど、忘れんわ。楽しかったで。

大場先生：楽しかったな。

福井さん：皆よかったし。

大場先生：よかった。最高の時やったな。

一　同：(笑い)。

当時の思い出話は温かい空気に包まれていた。学校給食の実践、給食の教育実践というのは一人ではできない。いま、「栄養教諭がコーディネーターとなって」であるとか、「栄養教諭が中核となって」といった言葉で、学校における食育・食に関する指導を発展させることが目指されている。しかし、そこに必要なのは、技術や専門性や知識、それなどにも増して、おいしい食事を介して育まれる、温かい人間的な関わり合いなのかもしれない。

3　川上給食教育の様相

(1)　川上小給食のはじまり

川上小学校ではどのような「給食教育」と呼ばれる給食及び食教育が行われていたのだろうか。当時の給食調理員であり、実践の中心人物であった安達幸子さんが記した実践の記録をたどりながら、そのはじまりと内容を紹介したい。

川上小学校の学校給食は、昭和24年10月に、実施校として指定されミルク給食からはじまる。昭和29年給食棟竣工と同時に補食給食を実施する。昭和36年頃パン給食実施の問題があったが、川上地区ではほとんどが農家で米作りをしているので輸入した小麦粉のパンなど食べさせなくてもよいという結論に達し、一度もパン給食をせず現在に至っている。

農業中心のこの地域にも、高度経済成長政策により農業だけでは生活も困難となり有畜農業、機業、メリヤス編等導入の兼業農家が増えてきた。毎月の現金収入をめあてに生活はだんだん派手になり、食生活もインスタント食品で平気な毎日という状態が生じてきた。

『かわかみ　川上小学校改築記念誌』より[*3]

すでに述べてきたように、川上小学校はパン給食を一度も実施したことがない、珍しい学校であった。日本の一般的な小学校は１９５４年の学校給食法成立以降、完全給食としてパン給食の導入を進めてきた。川上小学校の位置する久美浜町においても、周辺小学校は１９５０年代からパン給食を導入していたが、川上小学校だけは１９６１年に「パン給食実施の問題」が議論になった。当時は完全給食として米飯を主食とすることが認められていなかったため、川上小学校ではこの時に〝パン給食を拒否する〟方向が固まった。

奥丹後は〝丹後ちりめん〟の産地として有名な地域であり、１９７０年代から川上地区においても急速に機業が広まっていった。機業の広まりは母親たちの労働環境を激変させ、子どもたちの暮らしぶりを変化させるきっかけとなった。

（2）食堂（ランチルーム）・米飯給食の開始

食堂（ランチルーム）ができる

地域実態調査の結果、入学前にすでに子どもの健康が破壊されていることがあきらかになっていた。このことでは特に保育園の環境、保育の内容などが大きな問題となり、小学校の片隅で1つの教室を2つに区切った保育室、遊び場もないような現状を町当局に強く訴え、幼児教育がいかに大切かも地域住民全体がしっかりと学習し、認可保育園建設運動も地域住民の強い要望で成功をおさめ、別の場所へすばらしい保育園が建設された。移転したあとのその教室を食堂にする計画をたて、給食室の続きの教室が食堂に改造された。育友会役員の大工さん、ダンプの運転手の方の御援助のもとに昭和51年夏休み中に完成した。当時の6年生の父母としては「ここまでやったのだから、とにかく卒業までに米飯給食をしてくれ」と強く要望され、教育長との話し合いのもとに、その10月から試験的に実施した。町の栄養士、養護婦の協力で月3回の実施にふみきった。炊飯器は、農協より米の消費拡大の面から5升用ガス釜3器の寄贈を受けた。食堂はあっても食卓・イスを購入する予算がなく、地区の区長会に依頼し、会議用の古い飯台を借り集め、板場にござを敷き、昔の寺子屋風の食堂から出発した。

又、調理室の設備の改善もされた。

①かまど——まき使用のかまどから、白灯油バーナーに。作業が能率的になる。

②水道設備——食堂の東側。子ども達に自分が食べたごはん食器を洗わせるためのもの。調理員の増員がないためかたづけ作業の一部

③流し台——破損個所が多く作業上不都合があり新調する。

④調理室と食堂の間——調理室と食堂が両面戸棚になり、便利になる。
調理員の不足については、町の栄養士、養護婦、用務員でおぎなうような具合いで完全米飯給食実施をめざすには不充分な出発だった。月３回の米飯給食では栄養面からみればわずかなことだが、地域と学校が一体となり子ども達のため目標に向かって一生懸命とりくんだ大きな成果だった。

年間90日の米飯給食へ　昭和52年４月から
施設、設備、器具は最小限度設置され、調理員の増員はなかなか困難であったが、町当局へ再三交渉に行き、学校給食の意義を説得し理解していただく。正職員ではないが年間給食日数１８０日の半分、90日をパート採用で実施することとなった。こうして４月から10月までは週2回、11月から3月までは週３回の米飯給食を実施する。年間週３回の米飯給食が実施できるためのパート採用の要求は、毎年育友会の要求項目で頑張って運動をする。その結果、昭和62年４月から週3回の米飯給食の実施となった。

『かわかみ　川上小学校改築記念誌』より[*4]

川上地域生活実態調査（第8章参照）によって乳幼児の保育環境が見直され、小学校の校舎内にあった保育室が校舎の外へ移された。それによって空き教室が発生し、給食室の横に食堂が建設される。川上地域生活実態調査は１９７０年に行われ、食堂が建設されたのは１９７６年の夏休みであった。１９７６年の10月から月３回実験的に開始され、その後は週2〜3回、年間90日の実施が実現する。１９８７（昭和62）年からは週3回、年間１０８日の実施となる。

食堂は「育友会役員の大工さん、ダンプの運転手の方の御援助」によって作られた保護者の手作り食堂であった。この食堂は全校児童教職員が全員一堂に会することができるほどの広さがある。そのため、それまで教室で食べていた給食が、この食堂ができた１９７６年から、自校炊飯の米飯となっただけでなく、全校児童教職員が食堂に集まって食べるランチルーム会食の学校給食となった。

⑶ 持ち寄り給食・旬の献立

川上小学校では、子どもたちが家庭で栽培された米や野菜を学校に持ち寄り、それを給食で使っていた。

学校給食会から購入する白米だけに補助金がつく。地元のおいしい農協米にも家庭から持ちよる米使用の自校炊飯にも同等の補助がされるよう強く要望したが、政府の方針上どうにもならぬ問題となった。しかし、子ども達には自分達の作った米や野菜を食べさせようという親のねがいから、川上小学校の学校給食は、白米や野菜の持ちよりは当然のこととなった。

●自校炊飯用白米：児童１人あたり年間３〜６年生──７升／１〜２年生──６・５升（育友会役員が学校へ運ぶ）。

●各家庭からの野菜：児童1人あたり年間10kg。日割りをし部落毎に育友会役員が学校へ運ぶ。
『かわかみ　川上小学校改築記念誌』より[*5]

1980年代当時、川上小学校の給食は〝パン給食を一度も実施したことがない〟ことに加え、〝持ち寄りの食材で実施〟している点が非常に特徴的であると食・農業・栄養の分野で注目されていた。実際に子どもたちは1人につき6・5〜7升、約10kgの米を持ち寄ることが定められており、野菜も年間10kg持ち寄ることが定められていた。この取り組みは当然、子どもたちだけではできない。各家庭の保護者が米や野菜を育て、育友会役員（大人）がそれを学校へ運んでいたようだ。〝地産地消〟であり、〝旬〟がたっぷり給食に持ち込まれるシステムである。持ち寄る米や野菜の量は十分なので、食費を肉や魚などの食材に使うことができる。この給食は農村だからこそ実現できる贅沢な内容であったのではないだろうか。

野菜は旬になれば同じものばかりが集まり、天候などによって手に入る食材も左右される。安達さんは村の中をよく歩き回ったり、あるいは自転車で走り回ったりして、今、村で何を作っているか頭に描きながら1か月分の献立をたてていたという。[*6]それも、栄養士が作った町の共同献立を参考にしつつ、川上小学校独自の献立を作成していた。[*7]直前にメニューを変更することもあったであろうし、1週間前になって野菜の生育を見て変更することもあったかもしれない。繰り返しになるが、高度に専門的な作業であり、おそらく相当に多忙であり、そのような中でおいしい給食を提供し続け、さらには給食の内容を年々改善するのは並大抵のことではない。

（4）集団教育

ここで、給食をどのように集団教育の場としたのか、具体的にその実践内容を見てみたい。

> 食堂で全校一堂に会しての給食は、全校色別（赤、青、黄、白）チームを9～10人の給食班に分け、タテ割集団とした。家族的な雰囲気の中で社会性を養うとともに、上級生からマナーを習い楽しく食べる。各班では、班会議によって努力目標や座席位置を決め、準備、あとかたづけにもとりくんだ。各班の教師や上級生は、問題点の解決を早くするよう努め、特に偏食をなくすること、時間内に食べきれない子の指導に力点をおく。
>
> 『かわかみ　川上小学校改築記念誌』より[*8]

1976年に食堂（ランチルーム）が建設されてから、食堂で全校児童教職員が一堂に会して給食を食べられるようになった。それだけでなく、川上小学校ではその会食を「集団教育」の場と捉えていたようである。運動会の4つのチームである、赤、青、黄、白をさらに9～10人の縦割り班（1年生から6年生までを含む）にして、給食班とした。各班に教職員が1名ずつ入っていた。「各班の教師や上級生」は班をとりまとめる存在であり、上級生が班長となって班を指揮し、教

写真7-2

写真7-1

写真7-4

写真7-3

いずれも川上給食教育期の写真。京丹後市教育委員会の承諾と協力を得て、2016年10月及び2019年6月に、閉校後の川上小学校における残存資料を発掘・撮影した。厚紙に貼られていた写真は、紙の歪みの影響がある。後に、写真家の故・橋本紘二氏によって撮影された作品であることが判明した。肖像権の都合上、承諾を得て加工している。

撮影：橋本紘二

員はそれをサポートしていた。

閉校した川上小学校には、当時の写真が残されていた。机の上には班の目標が書かれたポップが置いてある（写真７－１）。写真７－２には上級生が下級生に配膳の仕方を教えてあげている様子がうつされている。写真７－３は献立の写真である。この日の献立は「五目ごはん、たまごスープ、ハンバーグ、さつまいもの天ぷら」であった。当時は軽くて割れないアルマイトの食器が使われていた。

(5) 労働教育

注目すべきことに、当時の給食教育においては、子どもたちへの〝労働〟に関する教育（第８章参照）としての役割も重要なものとして意識されていた。

自分たちの作った米や野菜を給食に使うことにより労働を愛し、生産のよろこびをもち、仲間とともに働くことの大切さを認識させる。

○米つくり　５年生――水田４アールに、もち米をつくる。親子でもちつき大会をし、全校でぜんざい会をする。

○野菜つくり――赤、白、黄、青の色別のタテ割集団でつくったさつまいも、二十日大根・レタス・ホーレン草など。（さつまいもは５０４kg収穫した時もあった。）

○学級農園――さつまいも・とうもろこし・大根・じゃがいも・トマト・大豆・小豆・かぼちゃ。児童会では、やきいも大会をして収穫祭をする。食べきれないものは給食で、ふかしいも、天プラ、大学いもなどにして全校で食べる。大根は学級毎に漬物にし、全校で食べる。かぼちゃは、コロッケにして食べる。子ども達はとても好きである。

○自然野草――児童会のとりくみで、各部落集団が採取する。（ふき、わらび）採取したものは、塩漬にし保存食として貯蔵し1年をとおして給食で食べる。

○当番の仕事――1年生も当番にあたり、準備、あとかたづけをする。ランチルーム美化のため、交代で班が掃除をしたり、食卓に花をかざったりする。

○箸つくり――給食でつかう箸は原則として自分でつくる。1年生は無理なので家庭で親に手伝ってもらい作る。

○給食週間のとりくみ――学校でも家庭でも食事がどのようにしてつくられるか知らない子が多い。それは食べさせてもらうという生活関係からくる考え方であり、これを変えるのは自分達でできるところまでやらせる。1年から6年までの希望献立を考え、材料を洗って切る段階までみんなでする。包丁、皮むきなど一度も使ったことがない子どももいる。家庭で食事つくりの体験をさせる必要性を感じる。

『かわかみ　川上小学校改築記念誌』より[*9]

給食で自分たちが食べるもの、その生産に子どもたちも関わること。そして、そのように労働することを通じて「生産のよろこび」「仲間とともに働くことの大切さを認識」させるとある。川上給食教育は、労働教育の場としても機能していた。川上小学校の労働教育については第8章の「5『勉強せんと百姓せんなんど』と労働教育」において詳しく扱う。

生産労働の学習活動として、「米つくり」「野菜つくり」「学級農園」があった。「米つくり」は5年生が通年で取り組み、収穫されたもち米を保護者も含め全校で分かち合った。「野菜つくり」では一緒に給食を食べている、色別のチームでさつまいも等を作った。「学級農園」は各学年の発達段階に応じた作物を学級で育てた。

学級農園の取り組みに「大根は学級毎に漬物にし」とある。1979年度の教育計画をみると、2年生以上は大根を育て、12月に収穫する。[*10] 同じ年の6年生の家庭科教育計画には、12月に大根をぬか漬けにすると書かれていた。[*11] 同様に、「自然野草」の取り組みも6年生の家庭科学習に役立てられており、4月に授業で食べられる野草を学び、収穫に行き、その食べ方を調べる学習が計画されていた。[*12]

「給食週間のとりくみ」では、食事つくりをできるところまで自分たちの力でやらせる。希望献立に始まり、実際に調理場で材料を洗って皮をむいて切る、それを給食で食べる。

仕事の当番は、現在も一般的な小学校で行われている給食当番の内容とほとんど変わらないようだ。しかし、縦割り班（異学年合同班）で高学年が低学年の児童を指導しながら当番を行い、教員はそのサポートに入っていたという意味において、一般に教室で行われる学級担任による給食指導とは異なる。

また収集した写真記録には、地域の高齢者を学校に招き、箸の作り方を学ぶ1年生の姿があった（写真7－4）。これは、毎年開催されていた『おじいさん・おばあさんから地域の歴史を学ぶ会』の様子であったと考えられる。１９７１（昭和46）年に再会された「老人学級」が名称を変えて続いたものである。[*13]

（6）保護者や地域住民との協働

育友会給食保健部の活動目標の中に、バランスのとれた食事の研究を進めるとして、①公害食品の研究　②栄養価の高い野菜を育てる　③自分に合った箸で食事をする　④子どもの歯やあごの発達をうながすなどがある。

公害食品の研究については、母親委員会で豊岡市の生活科学センターを見学し、のみものの勉強会をした。（ポリジュース、粉末ジュースなどのこと）。

栄養価の高い野菜作りについては、つるむらさきや小松菜など苗を各家庭に配った。親子で育てた野菜を家族みんなで食べたり、学校でも給食でサラダや和え物にして食べた。

子どものあごの発達については、大豆のいり豆を、米飯給食の時に1人10粒ほど食べさせる。育友会員から、子ども達に食べさせてくれと、40kgの大豆や、えんどう豆、そら豆などいただいた。
夏休みに、育友会母親委員会と給食主任、調理員が中心になり、4年生以上の子どもと、手づくりのおやつ作り講習会をした。ホットケーキ・カルピス・レモンジュース・プリン・豆乳・黒豆ジュース・ミルクセーキなど。

『かわかみ　川上小学校改築記念誌』より[*14]

川上小学校の教育計画の名前は『地域にね（根）ざした教育[*15]』である。川上小の給食教育は、育友会に食堂を建設してもらうことに始まり、地域の食材で給食を作り、保護者にその食材の手配をしてもらい、箸作りなどを地域の高齢者から学び、子どもたちの栽培活動に保護者や地域住民の力を借りる等々、日々の給食を通じて常に育友会や地域と関わっていた。それだけでなく〝子どものために、食について学ぶ〟という視点からの保護者（育友会）や地域との関わりがあったようだ。「子どものあごの発達については、大豆のいり豆を、米飯給食の時に１人10粒ほど食べさせる。育友会員から、子ども達に食べさせてくれと、40kgの大豆や、えんどう豆、そら豆などいただいた。」とあり、実際に給食で大豆を出す様子が写真でのこされていた。さらに保護者らが、子どもたちのために（自分の子どもだけのために、ではない）大量の豆を寄付したとあり、子どもたちだけでなく、大人たちも学校で学び、子どもたちのためにできることを考えて積極的に活動を展開していた。川上小学校の給食教育は大人たちにも学びの場として開かれていたと考えられる。

どのようにして保護者や地域住民との協働が始まったのかについては、第8章の「3　川上地域生活実態調査運動を通じて地域集団を動かす」及び「4　地域の課題を学校が教育課題として引き受ける」において詳しく扱う。

4　さっちゃんと〝良いペア〟の福井さん――忘れたら箸作る実践――

川上小学校の給食では、自分で竹を削って作った箸を使って食べていた。それも、ある時から、忘れたら自分でその場で箸を削って作り、その日の給食はその作りたての箸を使うという珍しい方法に変わっていく。その珍しい方法は、用務員兼給食調理員であった福井芳子さんの気づきから生まれたものだった。

用務員の福井芳子さんは、町のママさんバレーの選手としても活躍している人だ。

彼女が学校にきたのは、まだ弁当持参の副食給食のころで、午前中の授業が終わるベルが鳴ると、はしを忘れた子どもたちが「おばちゃん、はしかして」と用務員室にかけ込んでくる。用務員室・調理室の前に各学級の当番が給食を運びに集まるのと重なり、福井さんも幸ちゃんも体が二つあっても足りないほどのひとときである。それでも福井さんは用務員室の戸棚まで走って「明日は忘れんときにゃーよ」とはしを出してやる。

彼女はやがて、はしを事前に熱湯消毒しておいて、すぐに渡せるように自分のそばに置くようになる。そして子どもがかけ込んでくるたびに「明日は忘れたらあかんで」と口ぐせのようにくりかえす。しかしはしを忘れる子は減らない。いや減るどころか、ふえてくる。彼女は自分の行為に疑問を抱き始める。やがて「おばちゃん、何しとる、早く、早く」などと大声をあげる子が現われるにいたって、彼女は「自分は、はしを忘れた子どもへの対応を間違えているのではないか」ということに気づく。

『学校は地域に何ができるか』渋谷忠男（1988）より[*16]

2016年のインタビューは、まさに渋谷先生と福井さん本人によるこのエピソードの回想だった。その部分を引用する。

【T3-35】

渋谷先生：みんなもう、ひとりひとりは自分の目の前のことしか見えんでしょ。

和井田：はい。目の前の自分のことしか。

渋谷先生：みんなね、誰も見てるけどね、自分の場所から見とるの。

大場先生：うん。

渋谷先生：わかる？　ひとりひとりおったら、みんな。ぼくがぐっとみとるのとね、大場くんがみとるのと。これは違いますわ。で、そういう人の集まりですわね。だけどね、校長がなんぼこうてみとったってね、それもその中のひとつなんね。教頭がみとっても、自分の経験で判断しとるだけでしょ。その2人の考えが学校教育の半分以上をシェアしとったら、その学校の程度はわかるでしょ。

大場先生：うん。

渋谷先生：だから非常に内容幼稚なんですよ。学校教育方針なんかみても。

和　井　田：つまりその……

渋谷先生：川上でしょ、さっちゃんらがね、さっちゃんや福井さんたちが給食のことについてはそれは、ぼくよりずっと厳しい問題をもっています。だから、子どもはその、ご飯を食べる時に箸を忘れてくるでしょ。その問題でも、非常に素晴らしかったんですよ、この人たちは。

福井さん：ああ。

渋谷先生：ぼくらはそんなおもわへん。給食で、子どもの箸がどうやいうこと。箸を持ってこなかった子がおばちゃん、いうて箸かしてってがーっていくやろ？　ここへみんな、昼前になったら、箸なんてどうでもええ、あそこ行って借りてきたらええ、おばちゃん箸！　ちゅうもんだ。そんないちいち一番忙しい最中にそんなことで子どもくるでな。

福井さん：そうだね。

渋谷先生：ここんところ集中しちゃったわけだ。そしたらそれを問題にして、その問題を学校の教師全体が考える力をもっとったというのが川上の教育やな。

和 井 田：ありがとうございます。とてもわかりやすいです。

渋谷先生：この人はこの分野における一番学校の中心的なところにおったわけだ。

大場先生：そうそう。

福井さん：そうやね。

大場先生：だからさっき言った、みんなで責任もってした、全部した、だからあの、さっちゃんの存在なんていうのはいち給食婦さんだけど、そんなんより大きなウエイトをしめて、僕らがみる目もだし、地域がみる目も、子どもがみる目も、管理職がみる目も、全部、その人をみる、尊敬ちゅうか、全然違うんだから。みんなが。教育を作り上げとった。

福井さん：いろんな箸ができましたよ。あの、箸づくりするのに。でも２本ないと食べれんで、１本は私が作ってちょっと手伝うだし、１本はもう忘れた本人が作って。まあ、つまめたらいいかいうくらいのね。先がちょっと太いようなものもあったし。

和井田・Ｏさん：へぇー！

渋谷先生：教頭っちゅうんは、ぼくは川上行って初めて教頭になったでしょ。これがもう、いちばん初めて。だからね、教頭なって、そしたらね、あの、おもしろい青年がおらなあかんですよ。青年教師がもう、勝手なこと言って、むちゃくちゃ言うと思われるくらいの状態にならんと、学校はよくならん。

渋谷先生の語りから、役割や価値観の違う人間が一緒に教育の場を作り上げていく場面が想像できる。それぞれの人の役割に基づいて、教育者の一人としてのどのような考えがあるのかが尊重される。このことは第8章で詳しく扱う。

5　川上給食の教育方針とは

実践期間は11年であった。その間の教育計画（あるいは教育方針、学校要覧）9年分における給食教育計画の内容を表7－1に示す。

給食方針のタイトルは「米飯給食」に始まり、「学校給食（米飯給食）」と変更された後、1981年度版以降は「給食教育」とされたことが確認できた。1976年度版から1982年度版まで毎年ほとんどの内容が書き直されている。特に1976年度版、1977年度版までは1ページにすべての文章がまとめられていたが、1978年度版以降は研究的な視座が加わりその量も大幅に増え、内容も作り変えられている。作り変えられていると言っても、柱となるテーマは子どもの心身の健康づくりと給食を通じた教育活動であり、変わらない。1983年度版以降は、前年度の内容を踏襲する形で作成されていた。

米飯給食が1976年の2学期に試験的に開始されてから1977年度まで、縦割り班（異学年合同班）を率いるのは最高学年である6年生の役割とされていた。しかし、6年生から食堂で食べることへの不満の声が上がったため、安達さんは6年生の子どもたちを集めて意見をきいた。

（1977年）[*17] 12月21日　班長会議　2学期の反省

- 小さい子の面倒が見れない
- きらいなものを沢山入れる
- 昼休みが短かくなる
- いう事を聞いてくれない（低学年・5年）
- 集まる所が寒い
- きちんと戸をしめる
- ストーブの位置
- 5年が手伝ってくれない
- 遅い　ほか（略）

◎解決策

- 班に先生がつく
- 3学期から、班編成を変える
- ストーブの設置

1979年度版	1980年度版	1981年度版
地域にねざした教育 昭和54年度	未入手	地域に根ざした教育 昭和56年度 教育計画
安達幸子さん	—	安達幸子さん
学校給食（米飯給食）	—	給食教育
1　川上小学校給食のあゆみ （1）環境 （2）昭和25年から、弁当持参副食給食がはじまった。 （3）昭和35年頃、パン給食による完全給食が問題にされる（略） （4）昭和40年から昭和46年にわたり、川上全域にわたり、「土地基盤整備」（略） （5）昭和45年川上地区生活実態調査 （6）昭和50年、米飯給食推進のための学習と諸請求運動 （7）食堂ができる （8）昭和52年4月年間90日の米飯給食へ （9）昭和52年度米飯給食完全実施への運動つづく 2　米飯給食を完全実施するための課題 （1）健康にこたえる米飯給食 （2）日本人の歴史と文化遺産として伝承させる米飯給食 （3）労働教育とむすびつく米飯給食 （4）異学年令集団の意義 （5）地域の新鮮な米や野菜の利用 （6）健康と体力づくりのセンターに 3　昭和54年度米飯給食計画	—	1、給食（食べること）を主体的にとらまえる子どもをめざして 2、給食と集団――異年令集団―― 3、労働教育と結びつく給食教育 4、健康と体づくりのセンターに 5、米飯給食完全実施の方向をめざす
5ページ（118ページ）	—	3ページ （32ページ＋目標）
自校炊飯米飯給食年間90日（週2～3日）	—	米飯給食年間90日 （週2～3日）

表7-1　給食教育計画（1976～1987）その1

年度	1976年度版	1977年度版	1978年度版
教育計画名	地域にねざした教育 昭和51年度 教育方針	地域にねざした教育 昭和52年度	地域にねざした教育 昭和53年度
給食調理員（作成者）	安達幸子さん	安達幸子さん	安達幸子さん
給食方針のタイトル	米飯給食	学校給食（米飯給食）	学校給食（米飯給食）
方針・計画の内容	•健康問題 •親の認識の高まるまで放置できない •育友会の意見（栄養バランスのとれた食事、給食費の値上げはやむを得ない、家でとれた野菜をもちこむ） •給食費と栄養の今後の計画 •保護者の協力（米持ち寄り） •一堂に会して給食をする構想 •期待に応えていきたい	•子供達のすこやかな成長と、すこやかな心を育てることは親達の願い •子供達の健康問題 •親の認識の高まるまで放置できない •実施状況 •米飯給食計画（1～12） •野菜を持ち寄る •野草採取、給食での調理 •学校農園の野菜も使う •全校児童教職員一堂に会し、楽しい学校給食	一　米飯給食の伝統 （1）川上の伝統 （2）川上の実態調査 （3）食事の化学的な分析 （4）食堂ができる （5）給食調理上の問題点（給食アンケートの結果、米飯給食時間表） 二　米飯給食完全実施するための課題 ①給食調理員の確保 ②食堂の完備 ③農協との関係 ④昭和53年度米飯給食目標（各班の目標、教職員担当班一覧表） ⑤野菜について ⑥野草
ページ数（全ページ数）	1ページ弱 （78ページ）	1ページ （96ページ）	11ページ （123ページ）
実際の状況など	この年の夏に食堂が完成し、10月から自校式米飯給食を試験的に開始する。	1977年4月より、前半週２回、後半週３回の実施。	自校炊飯米飯給食年間90日（週２～３日）

1985年度版	1986年度版	1987年度版
地域に根ざした教育 昭和60年度　学校要覧	未入手	地域に根ざした教育 昭和62年度学校要覧
Hさん	―	Hさん
給食教育	―	給食教育
1、健康づくりとしての給食 2、集団教育としての給食 3、労働と結びついた給食 4、米飯給食完全実施の方向をめざす 5、育友会・地域の取り組みとの連携 昭和60年度学校給食計画 1、給食実施方法 2、給食費 3、給食内容の充実 4、米飯給食のお米について 5、野菜について 6、給食費の集め方 7、給食献立は、川上小学校の独自性を十分生かしながら、久美浜町献立研究会の予定表に基づいて実施します 8、児童の米飯給食の班は、赤・白・黄・青の組分けで、たて割集団を作り、その集団をさらに4つのテーブル班に分け、合計16テーブル班で給食を食べる。教職員も各班に入って指導する。	―	•健康教育 •たて割 1、実施計画 2、指導計画 3、労働教育との関係 4、育友会・地域との関係 昭和62年度学校給食計画 1、年間給食日数と実施方法 2、給食費 3、給食内容の充実 4、給食指導
4ページ（56ページ）	―	6ページ弱（62ページ）
年間180日（週2～3日）うち 米飯給食90日	―	年間180日（週2～3日）うち 米飯給食108日

表7-1　給食教育計画（1976～1987）その2

年度	1982年度版	1983年度版	1984年度版
教育計画名	地域に根ざした教育 昭和57年度　教育計画	地域に根ざした教育 昭和58年度　教育計画	未入手
給食調理員（作成者）	安達幸子さん	安達幸子さん	－
給食方針のタイトル	給食教育	給食教育	－
方針・計画の内容	1、健康づくりとしての給食 2、集団教育としての給食 3、労働と結びついた給食 4、米飯給食完全実施の方向をめざす 5、育友会・地域の取り組みとの連携 昭和57年度学校給食計画 1、給食実施方法 2、給食費 3、給食内容の充実 4、米飯給食のお米について 5、野菜について 6、給食費の集め方 7、給食献立は、町献立研究会の予定表に基づいて実施します。川上小学校の独自性を十分いかしながら。 8、児童の米飯給食の班は、赤・白・黄・青の組分けで縦割集団をつくり、教職員も各班に入って指導する。	1、健康づくりとしての給食 2、集団教育としての給食 3、労働と結びついた給食 4、米飯給食完全実施の方向をめざす 5、育友会・地域の取り組みとの連携 昭和58年度学校給食計画 1、給食実施方法 2、給食費 3、給食内容の充実 4、米飯給食のお米について 5、野菜について 6、給食費の集め方 7、給食献立は、町献立研究会の予定表に基づいて実施します。川上小学校の独自性を十分いかしながら。 8、児童の米飯給食の班は、赤・白・黄・青の組分けで縦割集団をつくり、教職員も各班に入って指導する。	－
ページ数（全ページ数）	4ページ（98ページ）	4ページ（36ページ）	－
実際の状況など	年間180日（週２～３日）うち米飯給食90日	年間180日（週２～３日）うち米飯給食90日	－

●５、６年での話し合い（米飯給食について）週３日
●米飯給食により偏食がなおった

安達幸子さんノートより[＊18]

６年生の意見を一通り聞いた後、１９７７年度末に全校給食アンケートが実施される。その結果は１９７８年度版の教育計画に示されており、１年生から５年生までは食堂で食べる縦割り班の給食を楽しみにしていたが６年生だけが食堂で食べるのを嫌がっていたことが明らかになった。[＊19]６年生に縦割り班運営の負担が過重になっていたのである。そこで１９７８年度版には、各班に教職員が１名以上入って班活動をサポートすることが書かれていた。

註

＊１　安達幸子著・新村編著（１９８３）第六章地域に根ざした学校給食――労働教育と結びつけた食教育の創造――、食と人間形成、２１４頁。

＊２　表７－１の１９８２年版、１９８３年版、１９８５年版の「方針・計画の内容」中の学校給食計画の７の項目（給食の献立について書かれている内容）を参照。

＊３　安達幸子 他16名、川上小学校建築促進期成会（１９８８）、『かわかみ　川上小学校改築記念誌』、昭和63年10月、57頁。
＊４　註３に同じ、58－59頁。
＊５　註３に同じ、59－60頁。
＊６　農山漁村文化協会（１９８２）、コメも野菜も〝持ち寄り〟地域に根ざした米飯給食、現代農業、１９８２年11月号、１２８－１３４頁。
＊７　註６に同じ。
＊８　註３に同じ、60頁。
＊９　註３に同じ、60－61頁。
＊10　川上小学校（１９７９）、地域にねざした教育、昭和五十四年度川上小学校教育方針、78頁。
＊11　註10に同じ、48頁。
＊12　註10に同じ、48頁。
＊13　註３に同じ、64頁。
＊14　註３に同じ、61頁。
＊15　１９７９年度の教育計画までは平仮名で「ねざした」と表記されており、１９８１年度の教育計画からは漢字で「根ざした」と表記されている（ただし、１９８０年度は未入手）。
＊16　渋谷忠男（１９８８）、学校は地域に何ができるか（人間選書１２６）、農山漁村文化協会、１３５－１３６頁。
＊17　前後の記録から１９７７年12月であることが想定できる。
＊18　安達幸子さんのノートは、筆者の博士論文・和井田結佳子（２０２２）、「子どもの学びからみる学校給食の教育的意義――１９７６年から１９８７年の旧久美浜町川上小学校における給食教育に着目して」の資料５－５、収集資料一覧の資料番号ＫＷ１、コードＲ１－１に該当する。非公開資料であり、ＰＤＦの頁18／39に記録がある。
＊19　川上小学校（１９７８）、川上小学校教育方針『地域にねざした教育』昭和53年度、１９７８年５月31日、峰山孔版社、76頁。

第8章　インタビューより②
――川上小学校教頭・渋谷忠男が創造したもの

1　渋谷忠男が創造する教職員集団とは

第7章で述べた福井芳子さんの気づきに始まる〝忘れたら箸作る〟実践は、川上小学校の給食が兼ね備えていた①給食場面を全校児童教職員で共有できる食堂があったこと、②福井さんの人柄、③給食調理員、及び用務員（用務員兼給食調理員）が教育者の一人として存在していたこと、この3つの条件が揃って生まれたものであると考えられた。ここで特に、渋谷忠男先生が創造する教職員集団と関わりの深い②と③について考えてみたい。各家庭に配られた1973（昭和48）年度教育方針には、次の内容が明記されている。

④作業員、給食婦は職員会議に参加する。（原則として）また教職員として全校行事に参加する。作業員、給食婦は学校の主要な部所をもちながら、主体的、積極的な立場に立っていない。入学式、

卒業式にも教職員席に並べない弱点をもっている。われわれはそれを克服しなければならない。

⑤全教職員が、学校全体を動かす重要なポストにつく。

⑥職員会議及び研究会に於ける主体性の確立

○議長は組織者である。

○座席は学年順である。

○全員発言、考えの違いを保証し合いながら討議を深める。

○研究会の問題を記録、整理し、体系化・理論化への努力をする。

『地域にねざした教育』昭和48年度版より[*1]

ここには、川上小学校の教育方針は給食調理員や用務員などの学校職員、教育における脇役と捉えられがちな役職を教育者の一人として正式に記している。それだけでなく、このような認識の問題を「われわれはそれを克服しなければならない」とし、他人事、給食婦や周辺職員の意識が低い問題、などとするのではなく自分たちの中にある問題として提示している。

〝忘れたら箸作る〟実践のような特徴的な実践が生まれた背景には給食調理員や用務員も教育者の一人であるということを認識できる教職員集団があった。そこに応えていくことのできる安達さんや福井さんの人柄があった。

2　誰が読んでもわかる教育目標

渋谷先生は、ただ教職員集団の理想を掲げただけではなかった。実際に給食調理員が教育者の一人として考えを深められる教育目標を示すことに成功している。

川上小学校の教育計画においては、教育目標として次の5つが掲げられている（第3章参照）。教育目標は、教育の目的である「人格の完成」の具体的な人間像であると考えてよい。川上小学校においては、①②③においてどのような子どもをつくりたいか、子どもの人間像を示し、④⑤においてどのような教育を実現したいか、教員の人間像及び教育像を示している。

①人権を尊重し、差別を許さず、胸をはって生き抜く子どもをつくる。
②自ら学び考え、仲間と共に磨きあい高まりあって進む子どもをつくる。
③労働を愛し、豊かな創造力と健全な身体をもった子どもをつくる。
④生活にねざし、すべての子どもが意欲的にとりくめる授業を創造する。
⑤地域の生活実現から深く学び、父母大衆とともに教育を創造する。

『地域にねざした教育』昭和53年度版より[*2]

ここに掲げられた５つの教育目標、目指したい具体的な人間像・教育像だけをみると、「なるほど」とは思える。しかし、その人間像・教育像を具体的な場面に落とし込むと、実際には、１００人いれば１００通りの子ども像・教員像・学校像が描けるのではないだろうか。川上小学校においてはこの５つの教育目標の後に、具体的な人間像の〝さらなる具体〟によって子ども像・教員像・学校像を示す工夫がある。それが教育目標に続いて設定されている、「教育目標の説明」あるいは「重点目標」である。

たとえば「②自ら学び考え、仲間と共に磨きあい高まりあって進む子どもをつくる。」とある。「自ら学び考え」る子どもとは、どのような子どもだろうか。授業において積極的に考えたことを発言できる子だろうか。教育目標の説明をみてみると、「子どもたちが学習の主人公になるということは、子どもたちが自分の方針をもつことである。[*3]」とある。つまり、自ら考え学ぶということは学習の主人公になるということであり、それは自分の方針をもつことであって、ただ積極的な子どもを目指す意味ではないという具体的な内容がわかる。

それでは、自分の方針を持ちつつ、「仲間と共に磨きあい高まりあって進む子ども」とは、どのような子どもだろうか。いつも明るく仲間と声を掛け合い、自分の考えの方向へ進むことができる子どもだろうか。この具体的な人間像の〝さらなる具体〟は重点目標の中にみられる。

③本音を出し合い、本音を引き出す。

● 形骸と虚偽の中からは、実は何ものも生まれないのだ。
● 子どもたちはどんどん意見をのべるべきだが、それが理屈のための理屈であったり、相手をからかったり、自分の本心を変形して表現するようなものであってはならない。みんなが言うことをためらうようなことでも平気で言うことが「本音を出すことだ」などと思ってはならない。これは単なる「クソ主義」にすぎない。

われわれは、人間的な真実さを心から要求している。友だちの真実の声には、真実をもって耳をかたむける子どもをつくるのだ。

『地域にねざした教育』昭和53年度版より[*4]

「友だちの真実の声には、真実をもって耳をかたむける子どもをつくる」とは、どのような姿だろうか。それはたとえば、友だちが必死で絞り出した真実の声に際し、気の利いた言葉なんて何も出てこない、ただ無言で立ちすくみながら受け止める子どもの様子が、それなのかもしれない。見た目には明るく楽しそうにしていても、「真実」の声を出せず、聞けずにいる、そんな子どもたちの関係は目指す人間像によるものではない。このように、「仲間と共に磨きあい高まりあって進む子ども」から描かれる人間像はいくつもあるが、その人間像を〝さらなる具体〟として「真実の声に真実をもって耳をかたむける子ども」のように示すことではじめて、目指したい子ども像を共有できる。つまり、子どものどこを見るべきかが誰にでもわかるようになる。

では、「⑤地域の生活実現から深く学び、父母大衆とともに教育を創造する。」は、どのような大人たちの人間像・教育像を描くものだろうか。父母大衆に教育活動への協力を促す、協力的な保護者像を描く内容とも捉えられるが、教育目標の説明における〔父母・地域住民と共に〕には次のようにある。

○人間が子どもを育てるということは、衣食住のための労働と共に人間生活の基本的なことである。学校はこのような親の人間的な願いにこたえ、地域の文化センターとして歩んできた。このことを軽く考えてはならない。

○生活とたたかい、仕事にうちこんできた父母大衆は、教育の中味として生かされるべき宝物をいっぱいもっている。われわれはそれを敏感につかみとろうと努力する。

われわれの教育実践活動は、親たち、地域の人たちと響き合うようなものでありたい。

『地域にねざした教育』昭和53年度版より[*5]

「学校はこのような親の人間的な願いにこたえ」「軽く考えてはならない」「生活とたたかい、仕事にうちこんできた父母大衆」「宝物をいっぱいもっている」「われわれはそれを敏感につかみとろうと努力する」「われわれの教育実践活動は、親たち、地域の人たちと響き合うようなものでありたい」とある。これは、学校教職員たちの目指すべき人間像の〝さらなる具体〟を描き出したものだ。父母大衆とともに教育を創造する方向へ向かうことのできる教員像・学校像の在り方を描いている。

つまり、川上小学校は学校全体の教育目標に説明を加え、〃このような子になってほしい〃と、そのための〃自分らはどうあるべきか〃の具体像を示した。それによって、保護者や地域にも、学校が目指す子ども像・教員像・学校像の具体がよく理解されたのではないだろうか。これら教育目標の説明は、教職員が何十時間も話し合って作られたものである。このような子がいて感動した、このような瞬間に「いいな」と思った。自分たちは何を良いと感じるのか、話合いを重ねて、全員が納得できる、だれでも非常によくわかる具体をつくっていったのだ。また、〃このような子になってほしい〃なら、自分たちの行いは矛盾しないだろうか、むしろ自分たちが率先して目指す人間像を実現しなければならないのではないか。父母や地域住民に協力をお願いしたい、一緒に教育を創造していける仲間になってもらいたい、そのために自分たちはどうあればよいだろうか。このように具体的な〃自分らはどうあるべきか〃がつくられていったのである。

ここで、立場や価値の違う人々が集って、それぞれの思いを〃確かめあう〃ことの意味について考えを深めてみたい。哲学者・西研（２００２）は著書『大人のための哲学授業』において一般向けにわかりやすく、人間同士の〃確かめあい〃の大切さを説明している。[*6] 川上小学校の教職員会議や、教育目標が学校外を含め広く共有されることで生まれたのは、〃確かめあい〃の場だったのではないだろうか。「教育目標に書かれた言葉をどうとらえるかは人それぞれ自由だよ、話し合っても答えは出ないので、それぞれで考えるようにやってください」、あるいは「教育目標に詳しく書いたので、その通りになるように銘々頑張ってください」――そのどちらも、渋谷先生は子どものためにならないと考えていたにちがいない。

西（2002）は、「価値や規範、また社会問題の解決プランなどについて、人間同士が〝確かめあって〟いく以外にない」[*7]という。「先生たちや親や生徒たち、一般の人たちとのあいだで突きあわされ確かめられるなかで、『ああやっぱりこういうことが大事なんだ、本質なんだ』ということがはっきりしてくるならば、神様みたいな『絶対』がなくても人は元気が出てくる。ここでは、『確かめあう』っていうことがとても大事」[*8]と述べている。

では、その『確かめあい』で得られる〝こたえ〟のようなものは、いったい何であろうか。どのようにして『確かめあう』ことができるのだろうか。西（2002）は「（前略）正義というとき、私たちのなかになんらかの動かしがたい感覚があるのです。それを『本質』という言葉で呼ぶならば、正義の本質というものがある。これを、ソクラテスは対話を通じ、互いの感覚を掘り下げて言葉とすることによって、取り出そうとしたわけです。この方法は、二十世紀の哲学者フッサールが〈本質観取〉と呼んだものと同じです。」[*9]とし、2019年の著書において、フッサール現象学の方法を詳しく検討し、その意義と修正すべき点及び実践方法を述べている。[*10]共通な意味を取り出す〈本質観取〉について「本質を取り出すとは、『何らの動機も観点ももたずに、永遠普変なイデア的なものをそのままに取り出すこと』ではない。それはあくまでも『特定の動機と観点から、同種の諸体験に共通するものを取り出すこと』[*11]なのである」と説明している。

　では、教育目的は永遠普変なイデア的なものであり、そのままに取り出せるようなものだろうか。校長や教頭はそのイデア的なものを教職員に向けて〝正しくわかりやすく説明〟し、教員や給食調理員は、〝よくわかっている人が説明する〟その永遠普変なイデア的なものを〝正しく理解〟することを求められるのだろうか。いや、そうではない。「ああやっぱりこういうことが大事なんだ、本質なんだ[*12]」とみんなで納得していけるような本質に向けて、川上小学校の教育を構成する、教員、給食調理員、用務員、事務職員、そういったすべての大人たちで〝確かめあって〟、〝共通了解〟をみいだしていくことが大事なのであり、そのような〝確かめあって〟そこに生まれる〝共通了解〟（つまり〈本質観取〉によるもの）＝〝このような子になってほしい〟と、そのための〝自分らはどうあるべきか〟の醸成こそが大事であると、いや、おもしろいと、渋谷先生は直観していたのではないだろうか。

　川上小学校の教育計画は、誰か１人が作るものではなかったし、それぞれの部署が書いたものをどこか１か所に提出して、それがファイルされたものでもなかった。川上小学校の教育計画は毎年春になると、全員が全員それぞれの書いたものを持ち寄って、何時間も、何日もかけ、それを突き合わせて「これでいいか」を長い時間かけて話し合って作り上げるものであった。教育目標の〝さらなる具体〟は、そのようにして教職員の間で突き合わせて確かめあわれたものである。それを全家庭に配布する。

西（２００２）は「社会のなかに『こういうのがいいよね』といって確かめあうような空気が出てくること、じっさいにさまざまなそういう営みが社会のなかに育っていくことが大切[*13]」としており、まさに親たちは、教育計画によって具体的に示された〝このような子になってほしい〟を自分たちの理解、自分たちの「こういうのがいいよね」にしながら、川上小学校の教育活動に巻き込まれていったのではないだろうか。いや、教育活動に関わる中でそれを具現化したと言えるのかもしれない。

同様に、教育の専門家ではない給食調理員を教育者の一人とできた[*14]のは、〝このような子になってほしい〟という具体像を給食調理員や用務員、教員以外の職員の価値観とも突き合わせて確かめあいながら教育実践の中で育ててきたからであったと考えられる。渋谷先生は、学校にいる教員以外の人間の価値観、視点も大事にした。そこに価値があることを知っていた。教員と教員以外の価値観が摩擦を生じながら出会うことを〝おもしろい〟と思っており、やりとりを聴く準備があった。

西（２０１４）は「共通了解のための現象学」の報告でも「本質観取」を扱っている。[*15]「観点ないし問いに対していかにふさわしい仕方で共通点を取り出すか、という仕方で本質を考える必要があり、またそのように考えてはじめて、現象学の本質観取の方法は『信頼しうる共通了解』を形作るものとして大きな可能性を獲得するはずである[*16]」と述べられている。

ここではその方法と川上小学校の教職員会議の展開を照らし合わせることはできないが、子どもにおける共通の〝このような子になってほしい〟という本質的な理解を得られる場を創造し、共通の〝このような子になってほしい〟にむけて各大人が努力をし、教育実践を通じて互いの信頼関係を築いたことで、子どもをわくわくさせ、生き生きと学ばせる教育が実現した。そのように教育を展開する中で人間関係が育まれ、互いへの理解・教育への理解が深まった。

渋谷先生は教頭という立場を生かし、教育実践を通じて川上小学校の教育に関わるすべての人間を含めた哲学対話を実現しようとしていたのかもしれない。その意味で、〝いかにふさわしい仕方で共通点を取り出すか〟の方法について、川上小学校は１つの可能性を示したのではないだろうか。

3　川上地域生活実態調査運動を通じて地域集団を動かす

渋谷先生の手書き文書である１９７２（昭和47）年度川上小学校教育目標を読み解くと、渋谷先生が教職員集団と地域集団を創造し始めたのは１９７０年の川上小学校着任直後からであったことがわかる。[*17] 渋谷先生は、着任してすぐに自身の考えを現実のものにすべく、川上地域生活実態調査運動の仕掛け人となる。インタビューにおいて、突如、当時の給食教育がこの川上地域生活実態調査運動から始まったことが語られ始める。

【T3‐6、T3‐7、T3‐8】（当時の給食の話、当時の様子に続いて）

渋谷先生：まあ、僕の印象ではね、めしを食う。

和 井 田：めしを食う。

渋谷先生：めしを食わそう。続けて。ずっとめし食ったんやから。（川上小学校では、米飯給食が始まる前もパンを給食で提供しなかった。それまではおかずのみを提供し、子どもたちは各自家からごはんをお弁当に詰めて持ってきていた。しかし、冷や飯・ぬくめ飯のままではいけない、という意識が大人たちにあった。『学校は地域に何ができるか』渋谷忠男（１９８８）を参考に補足）だからあの、飯食わしたらにゃ、ってね。これがはじまりなんです。だから、めしを、わしは、学校で、子どもに食わした、と、そう思っている。

和 井 田：ごはんを、めしを、子どもたちに。あの、それ以前は、米飯給食がその時にはじまる以前は……

渋谷先生：弁当を持ってきていた。めしを。（弁当でご飯のみをもってきて、おかずは学校で提供）だから、ずーっとめし食ってたんや、川上の子は。で、途中からまあ、そうなってるね（それまで弁当の冷や飯だったのが、米飯給食が始まり温かいご飯を出せるようになった）。

福井さん：あの、養護のN先生がね、調査されて。朝ごはんを食べないで学校に来る子が多いからいうこともね、聞きましたね。

渋谷先生：そうそうそうそう。

和 井 田：朝ごはんを食べないで学校に来る子がいたのですか？

渋谷先生：そう。すごい多かったなぁ。あんとき調べたらねぇ。
和 井 田：へぇ、そうなんですか……
福井さん：そうです。
渋谷先生：あれが川上小学校が
大場先生：あれ、あの調査から米飯給食の取組もはじまったんやな。
渋谷先生：そうよ、川上小学校の運動（生活実態調査運動）はね。
和 井 田：それはいつごろされた調査ですか。
渋谷先生：ぼくはね、4月に教頭で入ったわ（1970（昭和45）年4月）。
和 井 田：4月に。はい。
渋谷先生：ほで、えーっとね、その年のもう8月に（1970（昭和45）年8月）はね、
和 井 田：はい。
渋谷先生：村をあげてね、
福井さん：あぁ。
渋谷先生：あの、地域実態調査運動を始めたからね。だからまあ、ぼくの頭の中にははじめからあったね。
大場先生：うん。そうだったと思う。
渋谷先生：ほで、もう、すぐに地域あげて実態調査をやったんです。

和 井 田：久美浜町の。
大場先生：ううん、川上小学校の。
渋谷先生：川上地域ですよ。
和 井 田：川上地域。

渋谷先生が「[illegible]あの、飯食わしたらにゃ、ってね。これがはじまりなんです。」と、話が川上給食教育（〃米飯給食〃）のきっかけに焦点化されてきたところで、福井さんが「あの、養護のN先生がね、調査されて。朝ごはんを食べないで学校に来る子が多いからいうこともね、聞きましたね。」と、〃調査〃の話を出した。そこに続いて大場耕作先生が「あれ、あの調査から米飯給食の取組もはじまったんやな」と話を続ける。さらに渋谷先生も「そうよ、川上小学校の運動（生活実態調査運動）はね」と応え、ここに、元教職員である渋谷先生と大場先生、福井さん全員にとって〃調査運動〃と川上給食教育（〃米飯給食〃）は〃つながっている〃と認識されていたことが確認できる。

そもそも、〃調査運動〃とは何だろうか。前述のインタビュー【T３‐６、T３‐７、T３‐８】の後に、次のような話が続く。

なぜ朝食を食べていないのか【T３‐10】に話題が移る。子どもが朝食を食べる時には、両親はすでに仕事をしており（畑に行ってしまっているか機織りをしている）、子どもが、置いてある朝食を食べて学校へ行ったのかどうかを見ていない【T3-11】のが原因だという。どうして両親はそんなに忙しいのかというと、機業をする人が増えたからであった（特に母親）。テレビも普及した時代で、子どもたちは長い時間テレビを見て過ごすようになる。機織りのガチャン、ガチャンという音は大きな音で家中に響く。子どもたちはテレビの音がよく聞こえないので、音が聞こえるところまでテレビに近づいて見るようになる【T3-12】。すると、子どもたちの視力低下という形で（低学年ほど目が悪い）、家の中の実態が露になる。このように話が続き、渋谷先生による、調査運動が何であるかの核心的な話にさしかかる。

【T3-13】

渋谷先生：だから、これはもうどんなことがおこっとる、わからんぞっちゅうことで地域実態調査運動をやろうという決意をするんです。

大場先生：うん。

渋谷先生：ほで、実態調査をいっぺんするんではないです。だから僕が考えたんは、実態調査運動をやろう、と。

和井田：調査運動をやろう、と。

渋谷先生：これから全部、地域の者もだれもが、ぜんぶがね、自分たちの実態を明らかにして。ほし

て、自分の、あれでしょ？　機を織って、ガチャガチャしておってそういう状況をほってお
いたら子どもの教育もできとらんゆうことでしょ。

和井田：はい、そうなります。

渋谷先生：そういうことがわかれば、また親も考える。

和井田：はい。

渋谷先生：だから、これはまぁ、学校の先生が言うとおりや、と。ね。調べなあかんちゅうことでみんな一生懸命になるから、親は。

和井田：へぇー。

渋谷先生：親も地域のもんも、もう全部ね、各分野の人が。

渋谷先生は「実態調査をいっぺんするんではないです。だから僕が考えたんは、実態調査運動をやろう、と。」と話している。つまり、調査が目的ではなく、調査を通じた運動を展開することが目的の調査であった。渋谷先生は１９７０年に実態調査が展開される前に、各家庭をまわって独自のフィールド調査を行っていた[*18]。実態調査をする前に、子どもたちの異変が親たちの生活の変化からきていること、親たちの生活の変化が地域の産業構造の変化から生じていることを把握していたため、調査によって明らかにされることが何であるかははじめから解っていたと考えられる。しかし、解っている人がどうすれば事態を改善できるかを考え、当事者たちにはたらき

かけても、うまくいかなかった。それは次のような場面に描かれている。

川上地区の婦人会でも、婦人の健康についての学習会を開いた。保健所の所長さんは、「インスタントの食事をやめて、家でつくった野菜を、自分の家で調理して食べるように」と話してくれた。まことにもっともなことである。婦人会としては、野菜の種を買って、全会員の家に配ることにし、この決定は実行された。

しかし、機業婦人が種をまいて、野菜をつくったという話はきかなかった。ある婦人に、

「野菜をつくりましたか」

ときいて、

「先生、そういう意地の悪い質問をして、人を追いつめるものではありません」

と言われたりした。

野菜の種の話は、どこか引っかかるものがあった。それは何だろうと、ときどき考えることがあった。

『学校は地域に何ができるか』渋谷忠男（１９８８）より[*19]

そこで渋谷先生が考えたのは「実態調査運動」だった。実態調査といえば、通常は自治体や研究者などが行い、住民がそれに協力するという形のものが多い。だからその調査結果は結局、自治体行政などが参考にするものである。川上地域の調査は、そのような調査とは異質なもので

あった。渋谷先生は川上地域生活実態調査運動における次の性質を当初から明確に掲げていた。

「実態調査運動とは、
○住民が問題を出しあい
○住民が調査分析し
○住民が政策をつくってとり組む
そういう運動である」

とはっきり位置づけている。別の言い方をすれば、「現実の科学的分析を基礎にして政策をつくり、自分たちの地域を自分たちの力で建設していこうとする運動である」ともいえる。「運動」という言葉が、ただ一度の調査を目標にしていないことを明らかにしている。

『学校は地域に何ができるか』渋谷忠男（１９８８）より[*20]

運動とは、「ある目的を達するために、いろいろな方面に働きかけること。[*21]」である。渋谷先生は、あえてその当時には言葉にしなかったようだが、川上地域生活実態調査運動の目的は最初から「子どもたちの教育」にあった。つまり、調査という方法を用いて各方面に働きかけ、表向きには自分たちで自分たちの実態、子どもたちの実態を明らかにするという仕掛けを展開しつつ、その根元にあるのは、そこに親たち、教職員たち、地域の人々の意識を向けさせることであった。自分たちが自分たちの手で明らかにした事実であれば、どの人も真剣に向き合う。【T3-13】で渋谷先生が言っていた「そういうことがわかれば、また親も考える」とはこのことを意味するのだろう。

4　地域の課題を学校が教育課題として引き受ける

ここまで、川上地域生活実態調査運動がどのようにして行われたのか、そしてそれが1976年に始まる給食教育のきっかけになっていると当事者が考えていたことが明らかになった。しかし、インタビューや文献からは、川上地域生活実態調査運動が給食教育の契機となった確かな意味を見いだせなかった。

じかに言葉として語られたり、記録されたりしていない当時の動きの中に、当事者間で共有する感覚のもととなる〝何か〟があるのかもしれない。そこで1970年実態調査運動の調査資料を調べると、当時の人々の興味深い動きがみられた。

調査者が収集した資料を基に、調査運動がどのようになされたかを表8-1に示す。収集した資料は調査結果をまとめた後のものがほとんどであり、それらの資料をもとに話し合いや教育活動が行われたとみられる。第一次川上地域生活実態調査運動においては、同じ調査結果を比較のために再度掲載したり、特に教育活動のために必要な結果をまとめ直すなどされているため、表にまとめた調査内容に重なりがある場合もある。

表8－1では調査を3つに分けた。最上段に第一次川上地域生活実態調査運動、1975年調査、第二次川上地域生活実態調査運動と記した。第一次川上地域生活実態調査運動は1970年に行われ、給食教育開始の契機となったものだ。渋谷先生が「ただ一度の調査を目標にしていない」「実態調査運動」と説明されているとおり、7月の調査を皮切りに、8月、10月にも調査が行われている。

その中でも特に注目したいのは「親子の対話」に関する調査である。7月に初めて調べられ（表中の調査運動資料番号1－①、1－②）、その後8月に再度調査が行われている（1－③）。8月の調査では、具体的にどのような対話がなされたのかまで調べられ、それによって、親子の〝対話〟が実質失われていること、実際には親から子どもへの指示や注意のみの会話しかなされていないことが明らかになる。調査運動では、この事実が非常に重視されたと考えられ、再び10月（1－⑤）にも「10月7日の対話の様子」が調べられている。1970年8月（1－③）の親子の対話と10月（1－⑤）における親子の対話の調査結果を比較すると、8月時点で2～6年生の約28％が「話さない」と回答していたが、10月の調査では2～6年生の「話さない」という回答者は19％に減っている。だがそれだけでは、会話の内容が改善されたかどうかは不明である。1970年の12月には「家族会議のために」と題される教育プリントが配布されている。そこには調査の結果がわかりやすく示されるとともに、次のようなことが書かれている。

1－④	1-⑤	1-⑥
調査結果まとめ資料（あそび・ごはん）	子どもに対する調査 1970.10.8調べ	川上地区生活実態調査 基礎資料
1970年のどこか および1970年8月	1970年10月	おそらく1970年
児童と保護者	児童	地域の大人
あそび・児童対象（どこで遊んでいるか、誰と遊んでいるか、何人で遊んでいるか、家に遊び道具があるか）	10月7日の対話の様子　自分から話した　など	1、総人口の中の、就労者、非就労者
あそび道具・児童対象（家にあるあそび道具、ほしいあそび道具）		2、労働人口中の、給料とり、機業従事者の占める割合
部落の遊び道具・児童対象（十分あるかどうか、ほしいあそび道具）		3、給料とりの町外通勤
ばんごはん・児童対象（何時ごろ食べるか、家族と一緒に食べるか、おもに誰が作るか）		4、全戸数の中の、機業の占める割合
あそび・保護者対象（どこで遊んでいるか、誰と遊ぶか、近くに遊び場があるか、遊び道具がそろっているか）		5、職業分類
		6、専業農家規模
		7、米作規模別機業兼業
		8、農機兼業　田の耕作反別　機業規模
		9、織機　所有形態
		12、土地問題
		13-18、機業について（機業の将来についてどのように考えますか、機業の場合、準備、後かたづけを含めての労働時間、織工賃は、1日1台どれくらいですか、5年前とくらべて工賃は上っていますか、最低どのくらいの工賃がほしいですか、丹工は、機業者の役にたっていますか）
		19、いま、他にどんな仕事がほしいですか
		20-21、家計のこと（借金はありますか、ほか）
		22、農業構造改善事業は農民のくらしを高めるために、効果があったと思いますか
		23-24、減反政策について（政府の減反政策（米作調整）について、どうお考えですか、京都府は、政府の減反政策に反対し、無制限買い上げをきめていることについて）
		25、機械化集団をつくる希望
		26、食管制度について
		27-28、農業や農協等に関する意見

表8-1　川上地域生活実態調査運動の時期と調査内容　その1

	第一次川上地域生活実態調査運動		
調査運動資料番号	1-①	1-②	1-③
調査・記録の名称	生活の中での親と子の問題 1970.11.28まとめ	調査結果まとめ資料（数値・地域ごと）_熊野郡川上小学校	子どもに対する調査 1970.8.6調べ
調査時期	1970年7月頃の分を 1970年11月にまとめた	1970年のどこか および1970年7月8月	1970年8月
対象者	児童と保護者	児童と保護者	児童
調査内容	Ⅰ　親子の対話	出生と保育 親対象の調査	８月５日、朝から夜まで、一度も親と話さなかった子ども
	Ⅱ　朝食を食べない子 （1970.7　保護者対象調査）	朝食をたべない子 親対象の調査	親と子の対話の内容 ２年生の例
	Ⅲ　家庭における学習環境	親と教師の対話 （親対象の調査）	
	Ⅳ　テレビの見かた	PTA学級懇談会などの 出席状況	
	Ⅴ　労働　１０月の天気のよい農繁期の日曜日にどれだけ働いたか（児童対象の調査）	家庭に於ける学習環境（1970.7）親に対する調査（家にある本、家にあるもの）	
	（１）義務教育費を全額国が負担することは	塾（1970.7調査） 親に対する調査	
	（２）給食費は　安い　これくらいはしかたがない　高い	テレビのみかた 親対象の調査	
	（３）高校全員入学は　賛成　反対　わからない	テレビのみかた 子供対象の調査	
	（４）保育園の保育時間は	将来のこと 児童対象の調査	
	（５）乳児保育の必要は	進学に対する調査 ※おそらく、親対象の調査	
	（６）川上で２年保育の必要は	子供の将来に対する希望	
		どんな仕事につかせたいか	
		塾　児童対象の調査	
		小遣い　児童対象の調査	
		おやつ 親対象の調査（1970.7）	
		通学②　児童対象の調査	
		通学①　児童対象の調査	
		手伝い　児童対象の調査	
		ねる時間、おきる時間　児童対象の調査（1970.8調べ）	

2-②
昭和53年11月生活調査集計表_川上小学校
1978年11月
児童
1-2、父母の名前・仕事を書けるか
3-12、(朝起きてから登校するまでの生活) 朝起きる時間、寝起きの良さ、朝の運動有無、乾布摩擦有無、朝食有無、排便有無、歯みがき有無、手伝い有無、弁当を自分で入れるか
13-20、(学校生活) 始まるまでに遊ぶか、勉強がよくわかるか、科目毎の勉強はどうか、休み時間元気に遊ぶか、体育はすきか、体の悪いところはあるかないか、仲良しの友達はいるか、困っている問題はあるかないか
21-25、(帰宅後の生活) 家の人がいるか、おうち勉強は毎日するか、おやつを食べるか、小遣いをもらうか、友達と遊ぶか
26-29、(テレビ) テレビを見る時間、どんな番組を見るか、どんな姿勢で見るか
30-31、晩御飯は皆一緒か、ご飯の後皆で話すか
32、困った時誰に話すか
33-34、何時に寝るか、ぐっすり寝られるか
35、大きくなったらどんな人になりたいか書けるか
体の状態 (朝の会で休めの姿勢できちんとしているのがえらい、同じ姿勢でしばらくたっているとえらい、など6項目)
肩甲骨・背骨の状態 (左右の肩甲骨がずれている、背骨だけ曲がっている、など4項目)
土踏まずが発達しているかどうか
体の柔軟さ (前屈、後屈の程度)
ザリガニ (ポーズ) ができるかどうか
食事について (朝食食べているか、夕食家族一緒か、食事の手伝いするか、食事をつくる手伝いするか)
その他 (人に注意された時の反応、人にいためられたときの反応、遊ぶ時に誘うか誘われるか)
運動 (はん登棒手だけで上るか、側転五回以上連続)
おやつ (夏は何を食べるか、秋は何を食べるか、スナック菓子から果物まで食品を選ぶ)

表8-1　川上地域生活実態調査運動の時期と調査内容　その2

	1975年の調査	第二次川上地域生活実態調査運動
調査運動資料番号	⑦	2-①
調査・記録の名称	昭和50年度川上地区教研集会討議資料_川上小学校研修部	第二次川上地区生活実態調査_昭和53年
調査時期	1975年	1978年9月
対象者	児童	青年（18～30才）、川上地区の大人、乳幼児をもつ親とその子
調査内容	資料Ⅰ 朝ごはんを食べない子	1－（1）～（4）　生活意識・基盤（収入源）の調査集計　※ひとつひとつの項目に考察がある （1）年齢別人口（2）川上地区年齢別職業分布（3）川上地区職業別人口分布（4）生活基盤（53.9.1）収入源昭和45年との比較あり
	資料Ⅱ 歯の状態	1－（5）生活意識（①今の職業を続けたいと思いますか。②（思うと答えた人）将来に展望が持てますか。③（思わないと答えた人）思わない理由は何によりますか。④今の職業を子どもにつがせたいと思いますか。⑤子どもにはどんな職業につかせたいと思いますか。）
	資料Ⅲ　給食の栄養分析　ビタミンB1、B2が不足している	1　実態（18才～30才）（1　青年の年齢別人数、2　年齢別未婚者既婚者比、3　家にいる青年と長男・長女、4　現在の職業について（調査対象120人））（未婚か既婚か、あととりかどうか）
	1年生と6年生の体位 昭和50年度	2　職業（18才～30才）（今のあなたの職業は何ですか。あなたの職場は町内ですか。町外ですか。あなたは家業を手伝いますか。）（学校を卒業して家に残っていた人に問います。○だれの考えで家に残りましたか。）（丹後以外で職業についた経験がある人に問います。○なぜ田舎に帰って来たのですか。）
	よく見ているテレビ・雑誌	3　将来の生活設計（18才～30才）（家が農業（5反以上）をしている人に問います。○あなたは農業を続けてやっていきたいと思いますか。）（農業（5反未満）の人に問います。○あなたは今は田がなくても将来農業をやってみたいと思いますか。）（家が機業（2台以上）をやっている人に問います。○あなたは機業を続けてやって行きたいと思いますか。）（今、機業をやっていない人に問います。○将来機業をやりたいと思いますか。）（○今、川上にいる人で、将来も川上に残るつもりですか。※川上に残りたいと思っている人の職業）
	ねる時間、おきる時間 11月6日	4　生活意識（18才～30才）（○いまの生活に満足していますか。農業（生きがいとして）、経済的に）（○いま一番何を望みますか。○あなたの収入はどうしていますか。○いま、あなたが何でも話せる友達はありますか。）
	持っている物（兄弟で重複しているものもある）	5　地域（18才～30才）（○自分達の住んでいる久美浜町をどう思いますか。○自分達の力で川上をよくしたいという気持がありますか。）
	成績物を親に見せるか	6　親との関係（18才～30才）（○親と話をしますか。○親に相談しますか。）
	家での仕事	（川上地区）川上地区の健康問題（昭和53.9.1）食生活について詳しい調査（自家用野菜作っているか、野菜は全部買うか、主食は米か、麦ごはんを食べるか、インスタントラーメンを食べるか、1日2食の人、牛乳・ヤクルトを飲んでいる人、ビタミン剤服用者）
	新聞、牛乳、 手紙配り	（川上地区）川上地区の健康問題（昭和53.9.1）食生活以外（睡眠時間、健康診断を受けたかどうか、家族の中に病人のある人、薬をのんでいる人、健康のため今やっていること、医療について・ほしい専門医）
		川上地区乳幼児に関する調査（昭和53.9.1）（①乳幼児の父母の仕事②保育所に入るまで主にめんどうを見ている人③乳幼児はだれと一番よく遊んでいるか④近所に（同年齢）友だちがあるか⑤保育園に入るまでにしつけていること⑥おやつの回数（1日に）⑦一番よく与えるおやつ）（（1）子どものことを考えて食事をつくる（2）テレビを見ながら食事（3）好き嫌いがある、食べさせる努力している（好き嫌いのある子））（⑨親と話たり遊んだりする⑩物を大切にしたり、あとかたづけする⑪自主性がある）
		8、公民館活動について
		9、各部落における生活基盤・意識の集計

家族会議（おうちの人みんなとのはなしあい）のために
昭和45年12月川上小学校
この　グラフには、川上（かわかみ）地区（ちく）全体（ぜんたい）のことが書いてあります。

これと　自分（じぶん）の家（いえ）のことと　くらべてみよう。

自分　のことと　くらべてみよう。

そして「どうしたらよいか」――みんなの考（かんが）えを出（だ）し合（あ）ってはなしあおう。

そして「自分の家（いえ）ではどうするか」をきめよう。

「自分　はどうするか」をきめよう。


昭和47（1972）年度川上小学校教育目標の一部より*[22]

このプリントが1970年の12月に配布されていることから、10月の調査結果によって改善されたとは考えられていないことがわかる。しかし、1978（昭和53）年の小学生を対象とした調査（表8－1の2－②）においては、親子の対話に関する詳しい質問がなくなっている。

1970年の一次調査運動では繰り返し調べられていた親子の対話が1978年の調査では詳しく調べられていないのは、教育課題が変化したからではないだろうか。つまりこの間に、「親子の対話」問題が事実上解消したのかもしれない。本当に解消したのかどうかは、第9章の結果をもって論じなければならないが、仮に解消したとすると、そこに食堂（ランチルーム）建設が関係しているのではないかと考えた。子どもの教育のために親が本気で動き出した結果、手作り食堂が作られたのである。つまり、実態調査運動で見えてきた子どもたちの実態の中で、給食教育の始まりに実際に影響を与えていた（本質的なつながりをもつ）のは、表面的には子どもたちの健康状態の問題でありながら、本質的には親の子育てや教育に対する意識が直に関係する「親子の対話」問題だったのではないだろうか。

１９７０年の川上地域生活実態調査運動によって、子どもの体に起きている変化（朝食欠食、視力低下、虫歯の増加など）が明らかになり、解決すべき喫緊の課題となる。一方で、親子の対話が失われていることも同時に明らかになる。それによって、子どもの体に起きている変化は、親が十分に子どもに目を向けられていないこと、そしてそこには親の就労環境の変化、地域で見る産業構造の変化がすべて繋がって関係しており、子どもの体に起きる変化として見えるところまできていたことが明らかになる。前述の通り、１９７０年の12月には家族会議の教育プリントとして子どもの教育活動を介した家庭へのアプローチが図られる。子どもの健康推進の方法に関するプリントではなかったのだ。ただし、この方法では解決に至らなかったのだろうし、それは、学校も予測していたことかもしれない。「親子の対話」問題にフォーカスし、その結果が持つ意味の重大さを学校と子どもと保護者とで共有することが教育プリントの目的だったのかもしれない。

１９７２（昭和47）年度川上小学校教育目標である「地域の現実と本校の教育[*23]」が出され、調査で明らかになった子ども・親・地域の課題は教育課題として川上小学校が引き受ける。それを読んだ保護者が1973年に動く。そのことは、渋谷先生によって「四七（1972）年度卒業式に、父母代表が本校の教育方針に触れて意見をのべた。本校の四七（1972）年度総括・四八（1973）年度方針討議には、はじめて父母・学生などが参加した」[*24]と記されている。

つまりこの親たちの動きこそが、調査運動の最初の決着点「そういうことがわかれば、また親も考える」であったと考えられる。ここに至るまでに、渋谷先生率いる川上小学校は、調査の主体者として保護者を含めた地域全体を巻き込むというだけでなく、学校が地域の課題を教育課題として引き受けて示すことをしたのである。

親たちは、親子の対話が失われていることが可視化された時から、変わらなければならないのは親であることを意識していたかもしれない。しかし、そのような親としても板挟みになるような問題は言葉にするのもしんどい。さらには、子どもとの対話を頑張ってする、というような部分的な解決は、調査データとしては〝効果有り〟として示すことができても、本質的な解決にならない。それを親も学校も、すべてを説明しなくても〝理解〟していったのではないだろうか。

もしそのような中で学校が親にだけ変化を求めれば「先生、そういう意地の悪い質問をして、人を追いつめるものではありません[*25]」という言葉が返ってくるだろう。

繰り返しになるが、だからこそ、学校が地域の課題を教育課題として引き受けたことが非常に重要になった。親たちは、自分たちが変わらなければならないと思いながらも、変わることができない苦しさをもつ。学校はそれを責めることはない。学校は学校としてやれることをやる、教育課題として引き受けて一緒になって教育を行っていく。そのような姿勢である学校に、親たちは意見を言えるようになるのである。

１９７２（昭和47）年度川上小学校教育目標には、次のような言葉がある。

> ②地域実態調査によって、親がきびしい労働の中で暮しているのに、子どもたちは親の労働を正しく知っていない――という事実を知った。学習環境を整えてもらい「勉強を頑張れ」と言われるだけで、結局テレビを見てくらしている子供が多いという事実に、われわれは深刻な反省をせまられた。
> 生活（労働が中心）を大切に考えず、知識中心の考えが支配していた。それは安易な道徳主義と結合する弱さをもっていた。親と教師は、どうして子供をのばそうかと、種々の条件を整えてきた。しかし、そこには親と教師があるだけで子どもは存在しなかった。子ども不在の教育が行われていたのだ。こういう中での自主学習・主体的学習は、単なる形式でありロボットをつくることにしかならない。
>
> 昭和47（１９７２）年度川上小学校教育目標より[*26]

これは親たちへのエールであり、川上小学校が教育課題としてこの問題を引き受ける具体的な形である。抽象的な言葉ではなく、実態調査運動で誰もが目にした現実の結果に基づいて、実際に学校が考えなければならないことを書いている。親たちは、学校を通じて自分たちや子どもたちの問題を解決していこうという気概を高める。それが、自分たちも何かしよう、何をしたらいいか、何ができるか、そういった学校との対話につながっていったのではないだろうか。そう考えると、いかに子どもたちのために教育を高めていくかという視点のなかで、保護者が冷や飯・ぬくめ飯の給食を気にし始めるのは自然な流れである。子どもたちの教育のためにと、保護者が焼窯を建設したり、プール作りに協力するなど、多くの試行錯誤が生まれ始める。そしてそのような中で、保育園が校舎の外に建設されることとなり、給食室の横に空き教室が生まれるのである。これが、この保護者と学校との関係の変化こそが、インタビューで語られた調査運動と給食教育の開始を結びつける本質的なつながりなのではないだろうか。

日本の給食が子どもにスティグマを与えないものになっていたことを論じた藤原（2018）は、1976年12月に「ファミリー給食」（異学年合同給食）を実践する小学校が文部大臣表彰を受けた例[*27]を紹介している。当時、学校の教育活動及び給食を通して育まれる疑似家族的関係性は高い関心を集めており、藤原（2018）は「給食のもつ現状打破の潜在力にはもっと注目されてよい[*28]」と述べた。川上小学校における食堂建設も同時期の出来事であり、この食堂（ランチルーム）建設による異学年合同給食はまさに、教職員や保護者にとって「現状打破」の一手であったのかもしれない。

このように、1976年にスタートする〝米飯給食〟（インタビュー中の言葉）は、地域に生じている課題を川上小学校が教育課題として引き受けた結果スタートした教育活動であったと言える

（「川上給食教育」期のことは、図6－1参照）。川上小学校が実態調査運動で明らかになった子どもの問題を学校の教育課題として引き受けることによって、学校が地域の中心となる機関、センターとしての役割を積極的に示し担うことになったのだと考えられる。それが始まったと誰の目にもわかる形となったのが食堂（ランチルーム）であり、子どもたちの目からみてもこれまでとまったく違う変化が起きたのが自校炊飯の〝米飯給食〟だったのではないだろうか。

5　「勉強せんと百姓せんなんど」と労働教育

さて、地域の課題を教育課題として引き受けた川上小学校は具体的にどのような教育を行ったのか。その一つとして象徴的な教育が労働教育だったと考えられる。給食教育と労働教育は学校農園などの生産活動等を通じて結びつけて考えられていた。[*29]

そもそも〝労働教育〟とは何だろうか。今日においてこの言葉は、〝労働者の権利教育〟的な意味で使われる。[*30]〝労働教育〟の代わりに、〝キャリア教育〟という言葉がある。キャリア教育は「一人一人の社会的・職業的自立に向け、必要な基盤となる能力や態度を育てることを通して、キャリア発達を促す教育」[*31]と定義されており、日本において公的に〝キャリア教育〟が言われ始めたのは1999年であった。[*32]

それでは、かつての川上小学校の〝労働教育〟とは、何であったのか。前述の1972（昭和

47）年度「地域の現実と本校の教育」の川上小学校教育目標には、「親自身が人間として解放されるとともに／子どもたちの未来に展望のもてる道／を発見し、共に歩まなければならない。」[*33]とあった。そして、「子どもたちは親の労働を正しく知っていない」という事実が問題である（＝教育課題）と捉えられており、「学習環境を整えてもらい『勉強を頑張れ』と言われるだけで、結局テレビを見てくらしている子供が多い」とある。親たちがひっ迫した生活を強いられている様子や、そのために子どもの学びや成長が本来あるべき姿から離れてしまった様子が伝わってくる。同じくらいの時期に、次のようなエピソードがあった。

「勉強せんと百姓せんなんど」

新任の青年教師石井内海君は、六年生を担任している。日記をとおして子どもたちと対話したりしているから、いろいろな子どもの生活をつかんでいる。（略）

この子たちの日記には褒められたことは出てこない。いつも誰かに小言を言われている。そして最後に出てくるのが父親なのだが、春樹君の日記に出てくる父親の叱り方に、石井君はカチンときた。「勉強せんと、お父ちゃんみたいに　百姓せんなんど。それでもええか」とどなりつけたというのだ。どうも「勉強せんと、百姓せんなんど」は叱るときの口ぐせのようだ。親がこんな根性だから、ろくな子ができないのだと思うと、もういてもたってもおれなくなる。

青年教師石井内海君は、夜、春樹君の父親を訪ねた。挨拶もそこそこに、

「天下の農家が、子どもを叱るのに『勉強せんと、お父ちゃんみたいに百姓せんなんど』とは何ですか」

とかみついた。一たび口をきると、たまりにたまっていたものが噴き出して止まらない。親が農民の誇りを失っているから、子どもたちが頼りなくなっているのではないのか。春樹のたよりなさは、親のこうした生き様がつくり出したのではないのか。（略）

腕を組んだまま、じっと石井君の顔を見つめながら話をきいていた父親の重蔵さんが口を開いた。

「わしも、あんたにききたいことがある。石井さん、あんたは、どうして百姓せんと先生になっただ」

（略）

「この返事は、明日の晩来てしまます」（略）

「おやじさんの質問には、一日考えましたが答えられません。しかし、どう考えても『勉強せんと、百姓せんなんど』には承服できません」

「おやじさんの叱り方は、川上の教育を駄目にし、ひいては、あんたの息子の春樹を駄目にします」

という石井君を、春樹君一家はごちそうをつくって待っていてくれたのだ。

その後重蔵さんがぼくに行った。「息子はええ教師に恵まれた」と。

『学校は地域に何ができるか』渋谷忠男（１９８８）より*34

渋谷先生は、このエピソードを本に書いた。石井先生がひっかかるものを、無かったことにしなかった。人が生きる、そしてその生きる意味、生きる意義というところから、教育の意義が問い直されなければならない。ここまで掘り下げ、川上小学校は独自の方法で労働教育理論を構築し、実践にたどりついた。それは重層的な経緯と思想を併せ持ち、実践という形で現実と結びついている。

川上小学校の実践と直接の関係があるかどうかは不明だが、川上給食教育以前の教育思想論者・柳久雄（1962）が『生活と労働の教育思想史』において示した理想と理論に、川上小の労働教育を理解する手掛かりがありそうだ。柳は、「ふつう、教育思想は人間のよりよき形成をめざすものとして、なんらかの理想や価値意識を内包し、人間らしい生き方の探求と非人間的なものへの批判や抵抗をふくんでいる」[*35]とし、教育思想が当然、その地域社会における産業構造や人々の生き方に多大な影響を及ぼすもの、あるいはそれを創造するものであることを説明している。[*36]同書の第二章以降においては教育思想史分析に基づき実社会の労働における教育思想（理想）と矛盾する現実、労働教育を教育として行う意義や注意点を述べている。柳の言う〝労働教育〟は、人間の生き方の基本にある〝労働〟を扱う〝教育〟であり、その意味における〝労働〟は、長い年月をかけて地域社会の在り方、ひいては社会の中の人間の生き方に影響を与えるものである。

学校農園として実践におとしこまれた川上小学校の労働教育は、子どもの今の現実に沿った教育としての機能があり、さらには広い〝地域〟全体の問題に向き合う機能も持ち合わせたと言える。

６　学校にいるすべての大人が教育者である

第７章で紹介した「さっちゃん」こと安達幸子さんは、教育計画において、年々充実した給食教育の骨組みを作り、育て発展させていった。その様子は１９７６年度版から１９７９年度版までの給食教育計画の変化からもわかる（第７章の表７－１参照）。１９７６年度版から１９７８年度版までは縦割り班（異学年合同班）に関する教育的な意義は記述されていなかったが、１９７９年度版で初めて「異学年令集団の意義」として位置付けられ、その後も「集団教育」としてその教育的意義が安達さんによって示されている。ここに、渋谷先生の創造する教職員集団像の実現がみられる。インタビューではこのように語られた。

【Ｔ３-36】

渋谷先生：僕はね、うちは、職員会議になっちょらんということがわかったと。ね。

和 井 田：はい。

渋谷先生：教員会議やないか、と。うちは。でしょ。教員ばっかり集まって、で、職員会議なんて言って、いっとったらどうする。うちは職員いっぱいおるんや。

大場先生：うんうんうん。

渋谷先生：それを僕は感じたんですよ。ほで、みんなに。だから、もう、職員会議と言うのはうちはやめて、今までどおりやったら、教員会議、と。今日は教員会議やで、と言って集まればいいんや、と。そうせえや。と。だけど、今まで職員が集まってこんと、相談ができんとおもったら、ねえ。学校の教師ばっかり集まっといて、職員会議はできんや。全員職員があつまるから、職員会議。だから、教育問題やるときは教員会議やればええんや。だから、いままでやっとるのは教員会議やったんや。

大場先生：うんうん。

渋谷先生：だから、職員会議にはね、用務員さんから、みんな、給食の人から、なんでもかんでもみんな一緒になってやってくるから、これが学校の最高会議で職員会議。

和井田・大場先生：なるほど。

渋谷先生：で、ぼくはね。その時の青年教師がすごくいいやったね。また集まった。みんな。そこで、もう行き詰ってその6年生はなんもその、便所掃除はうちはせんと言っとるわけだが、担任教師が。そんなんもう、奴隷の真似はさせんって言っておる。そしたらな、その職員会議でな、用務員のおばちゃんがな、えーっと、ちょっとまってくれって。な、その、便所掃除はわしらにさせようということか？　ていったらみんな黙るだ。6年生がせんっていったら、そんな便所掃除は用務員がしたらええという腹がもとにあるからそういうこと言えるな？な。わしらせんなんいうことですけ。いうたら、だあれもだまった。6年担任も黙った。

和井田：黙っちゃった。

渋谷先生：ならば私は奴隷いうことですか？　いうから弱っちまうわ、もう。

一　同：(笑い)。

渋谷先生：弱っちまう。さあ、弱った。まあ、今日の職員会議はこれで終わりや。１週間後にまた、相談したらええって。ぼくはそういうとき、何も言わんです。結論を。結論を言う必要もないし。ほいで、次の職員会議に、まあ、ああた難しいで。なかなかね。おばちゃんがええこと言うわな。な、結局私らがもう、奴隷ちゅうことかい、いう。そうなってくるとあんた、若い教師もあかんわな。急所言われた。はっはっは。ほいだからね、学校ちゅうは面白いんさ。だから職員会議でね、変なこと言うもんがおらんとあかんねんや。

一　同：ふうん。

渋谷先生：なあ。元気な若いのが出てきて、ああ、うちのクラスにはそんな便所掃除はさせんわい、なんて言うのが出てくるから面白い！

学校にいる大人は役割が違っていても、すべての人が教育者の一人であるという自覚をもつ必要がある、お互いに。渋谷先生は、このような教職員の対立も「面白い」と捉えた。給食調理員や用務員本人だけでなく、教職員集団全体の意識改革を行った。

註

＊1　川上小学校（1973）、川上小学校教育方針『地域にねざした教育』昭和48年度、19－20頁。
＊2　川上小学校（1978）、川上小学校教育方針『地域にねざした教育』昭和53年度、1978年5月31日、峰山孔版社、19頁「教育目標」。
＊3　註2に同じ、19頁「教育目標の説明」。
＊4　註2に同じ、20頁「重点目標」。
＊5　註2に同じ、20頁「教育目標の説明」。
＊6　西研（2002）、大人のための哲学授業――「世界と自分」をもっと深く知るために、大和書房。
＊7　註6に同じ、27頁。
＊8　註6に同じ、28頁。
＊9　註6に同じ、74頁。
＊10　西研（2019）、哲学は対話する、筑摩選書、第二部と第三部。
＊11　西研（2019）、哲学は対話する、筑摩選書、185頁。
＊12　註6に同じ、28頁。
＊13　註6に同じ、32頁。
＊14　詳細は本章の「6　学校にいるすべての大人が教育者である」に記述。
＊15　西研（2014）、共通了解のための現象学、法政哲学（10）、44頁。
＊16　註15に同じ、57頁。
＊17　川上小学校（1972）、昭和47年度「地域の現実と本校の教育」――学習実践を積み重ねるために――、昭和47年度川上小学校教育目標。
＊18　渋谷忠男（1988）、学校は地域に何ができるか（人間選書126）、農山漁村文化協会、33－38頁。

＊19　註18に同じ、32頁。
＊20　註18に同じ、42頁。
＊21　日本国語大辞典第二版編集委員会（２００１）、日本国語大辞典第二版、小学館。
＊22　註17に同じ、資料の19枚目より。
＊23　註17に同じ。
＊24　註18に同じ、73頁。
＊25　註18に同じ、32頁。
＊26　註17に同じ、資料の３枚目より。
＊27　藤原辰史（２０２８）、給食の歴史、岩波書店、２４２頁。
＊28　註27に同じ、２４３頁。
＊29　第７章の「３　川上給食教育の様相」における（５）労働教育を参照のこと。
＊30　「日本労働年鑑２０１８年版」（法政大学大原社会問題研究所編、２０１８年、旬報社）の「第一章なぜ労働教育が必要なのか」には、若者を取り巻く過酷な労働環境が紹介され、労働組合の組織率低下、労働者の権利に関する認知度などが挙げられている。第二章における労働教育の実践例においても、労働者の権利に関する教育例が示されている。同じ〝労働教育〟という言葉であっても、少なくとも川上小学校が用いる〝労働教育〟と今日の日本で使われる〝労働教育〟とで言葉の意味は異なるようだ。
＊31　中央教育審議会（２０１１）、「今後の学校におけるキャリア教育・職業教育の在り方について（答申）平成23年１月31日」、16頁。
＊32　文部科学省（２０２２）、「小学校キャリア教育の手引き（２０２２年３月）」、６頁。
＊33　註17に同じ、資料の３枚目より。
＊34　註18に同じ、78－81頁。
＊35　柳久雄（１９６２）、生活と労働の教育思想史、御茶の水書房、７頁。
＊36　註35に同じ、８－13頁。

第9章　インタビューより③——卒業生の記憶

1　卒業生へのインタビュー調査とそのデザイン

本章は、約30～40年前に行われた小学校の給食教育実践について、当時小学生であり現在大人である学習者（卒業生）にインタビュー調査を行い、子どもであった当時の学びについて言えることを明らかにしようとするものである。この研究の調査デザインは、村井（1996）が「本書のメッセージ」として述べた次の2点に依拠するところがある。

①社会科を中心とした人文・社会科学系教科の教育実践を分析する際には、子どもにどの程度「学力」がついたかではなく、その実践が子どもにどんな「意味」を残したのかということを分析の包括的なものさしとすべきだ。

②これを具体化するための分析方法として、元生徒たちからの聞き取り調査が採用されるべきだ。

この二つは小中高、いずれの年齢層を対象とした実践についても妥当すると考えている。二つのメッセージは密接に絡み合っていて片方だけでは成り立たない。

村井淳志（１９９６）『学力から意味へ』より[*1]

村井は「意味」という言葉を用いており、本章では「学び」という言葉を用いている点が異なるが、子どもの何を明らかにしようとしているのかをみると、村井の「意味」と本章の「学び」は非常に近いところにあると考えられる。本章は、教育の目的である「人格の完成」に目を向け、給食の教育的意義を論じたい。人格に関わる教育効果は定量的に論じることができず、またそのように論じるべきものでもない。豊かな人間性と関わって定量的な、あるいは学力として測定が可能な結果を得ることはあるかもしれない。しかし、教育的意義を論じるための研究において、最終的に定量的に測定可能な方法を採用することは、中途目標の指標づくりには役立つが、目的到達について議論できる結果を得ることにはならない。

教育実践研究にこのような「学習者（本研究でいう卒業生）側」の「長期的」な視点が必要であることを明示し実際に研究調査を展開した村井の研究は意義深い。本研究は村井の研究デザインを給食という教育分野に援用するものである。

村井のまとめる「意味」の特徴及び内実は次の８点である。

①「意味」とは当事者にとっての主観である
②「意味」は記述することができる
③「意味」には誤解や思い込みが含まれる
④「意味」は、学習後の経験と有機的に反応し発酵するものである
⑤「意味」を感じた学習者だけがそれを語ることができる
⑥「意味」を感じた学習者は、それを語りたがっている
⑦「意味」の表出には普遍的意義がある
⑧「意味」の分析は、教材研究原理としての「科学」対「生活」という不毛な対立を無意味にする

村井淳志（1996）『学力から意味へ』より[*2]

このように論文中で検討しようとするものの具体的な特徴の記述は、誰が見てもわかるような定量的な指標で検討するのではない場合に重要である。そこで、村井によってまとめられた「意味」の特徴を参考にしながら、本章で捉えようとする子どもの「学び」が何であるかを考えてみたい。

本章で明らかにする、給食を通じた教育活動における子どもの学びとはどのようなものか。学校給食は、小学校であれば6年間、平日は毎日必ずある、45分間の、「食べる」時間であり、「学ぶ」時間である。その中で得られる深い学びをみようとするとき、そこには5つの特徴がある。

①長い歳月を経て学びが意味を持つ

実際に何かを学んでいる最中(さなか)の子ども時代には、何をどう学んだのかを説明できない。子どもから直接、その内実を知ろうとするのであれば、調査方法には発達段階に応じた様々な工夫が必要であり、またそのようにして一つの調査で得た内容も子どものごく一面を捉えたに過ぎないことに注意が必要である。一方で、約30～40年という歳月が流れて人生を歩む中で、初めて、当時の何らかの学びが意味を持つことがある。そのように意味を持った何かとして語られることを、学びとして捉える。

②覚えている・印象に残っていることに学びとしての意味がある

約30～40年という時間を経ても〝覚えている〟ことや〝印象に残っている〟ことそのものが、その人にとって何らかの学びの意味をもつと捉える。必ずしも当事者がその学びの意味を説明するわけではなく、調査者が学びの解釈を試みることで初めて学びの意味が生まれることもある。

③学びの枠組みを設定せず、対話の中から生成される学びをみる

研究者側が対話を分析するより先に、学びの枠組みを設定することは避ける。枠組みを設定するというのは、たとえば、学校給食法における７つの給食の目標に、学びの内容があるかを照らし合わせて分析するような方法である。その方法では、給食を通じた教育活動で得られる学びを

子ども側から見たことにならないと考えた。あくまでも当事者との対話を分析することで生成される学びを、本研究成果としての学びとして捉えることを目指す。

④「人格の完成」の方向にある学びをみる

「人格の完成」の教育目的としての方向を意識した学びを捉えようとする。個人が達成した技術や能力のみに注目するものではない。

⑤どう〝感じた〟かを大切に扱う

当事者がどう感じたかを重要な位置に置く。〝感じる〟ということは曖昧で教育科学の対象ではないと考える場合もあるかもしれない。しかし、給食の目標においても態度や精神を養うことが掲げられており、これらは何かを〝感じる〟ことと切り離すことができない。また、前述した村井（1996）のまとめる「意味」の特徴においても、『意味』を感じた学習者」と表現があり[*3]、子どもたちが何をどう〝感じた〟のかは学びについて論じる上で欠かすことのできないものである。

村井の記述方法は元生徒の〝証言〟形式であったが、本研究においては〝対話〟形式での分析を採用する。研究の分析デザインとしては、野口（2005）によるナラティヴ・アプローチ概

表9-1　インタビュー概要

	A いちたさん	B ふゆみさん	C さいすけさん	D1 ようこさん	D2 ようこさん	E ごろうさん	F むつえさん
インタビュー時間	約115分	約100分	約75分	約70分	約65分	約105分	約115分
飲食（食べる）		○		○	○		○
飲食（飲み物のみ）	○		○			○	
調査者・対象者以外の同席者	なし	研究協力者Oさん（同僚栄養士でもある）、後半B-55から福井さんも同席	なし	福井さん、研究協力者Oさん	なし	なし	なし
場所	職場	飲食店	職場	飲食店	自宅	ホテルのロビー	飲食店
日にち	2019年6月19日	2019年6月22日	2019年7月12日	2019年6月22日	2019年7月13日	2019年7月12日	2019年7月13日

念[*4]、及び、やまだ（2021）によるナラティヴ研究方法[*5]に基づき、質的分析において生じる執筆者の独自性を考慮しつつ、給食教育研究の目的に合致する方法を開発した。具体的には、執筆者の独自性ゆえ生じる視点の偏りを検討材料の1つとしつつ、分析に執筆者とは別の研究者2名を加えることによって〝解釈〟の妥当性を向上させる。研究者2名の視点を加える方法として川喜田（1967）の発想法[*6]を用いた。

2　インタビュー調査の方法

1976～1987年の川上給食教育実践期に旧久美浜町川上小学校に在学していた卒業生6名（男性3名、女性3名）を対象として、半構造化インタビュー調査を実施した（表9－1）。調査は2019年6～7月に実施した。インタビューにおける子ども時代の記憶の混同を防ぐため、卒業生が2人以上一緒にならないよう、卒業生ごとの個別インタビューを基本とした。対象者がそれぞれに応じやすい環境にて、リラックスしてたくさんの思い出を話すことが最も大事であると考え、厳密な条件設定は行わなかった。そのため、インタビューにおいて自然発生的に調査者・対象者以外の同席者がいる場合もあれば、食事を共にしながら話した場合もある。対象者ようこさんにおいては、家族が川上小学校の元教職員であり、家族の話も聞くため2回のインタビューとなった（表9－1のD1とD2）。

質問内容は、給食について（覚えていること、好きな・苦手なメニュー、給食を食べた場所、一緒に食べた人など）、学校菜園について（何を作ったか、印象、給食で収穫したものを食べたか）、学校生活について、現在の食生活についてである。

対象者は、研究協力者Oさん（川上小学校出身ではなく、なおかつ川上小学校の元教職員ではない）の紹介である。あらかじめ研究説明書及び同意書・同意撤回書を送付し、当日同意書にて同意を得た。また、インタビュー調査計画時は実践期を1970年以降（米飯給食が開始された1961年以降の給食で、なおかつ給食に関する活動が活発化し始める1970年川上地域実態調査運動以降）に設定していたため、実際には7名の卒業生にインタビューを実施した。本研究においては分析対象とすることができなかったが、1976年以前に在学の1名がインタビューに応じていた。

3　インタビューデータ分析の視点

得られたインタビュー対話を野口のナラティヴ・アプローチ概念『ナラティヴ（語り、物語）』

という形式を手がかりにしてなんらかの現実に接近していく方法」[*7]に基づいて分析した。野口の概念と同時に重要なのは、やまだようこによるナラティヴ研究の概念と方法である。やまだ（2021）は「ライフストーリー研究はナラティヴ心理学と総称され」[*8]るとし、ライフストーリー研究がどう心理学に新しい視点と方法をもたらしたかについて、ブルーナー(Bruner,1986/1998)による論理科学（パラダイム）モードと、もの語り（ナラティヴ）モードの2つの思考様式を比較し、ライフストーリー研究、すなわちナラティヴ研究の意義と概要を明確化している。本章においては、これらの概念に基づくやまだの「もの語り」の定義を重視し、分析結果の記述における論拠としたい。

やまだ（2021）は「二つ以上の出来事（events）をむすびつけて筋立てる行為（emplotting）」を「もの語り」と定義し、「むすぶ」ことで新たな意味を生成する行為である点を強調している。[*9]ただし、注意すべきこととして、やまだは「ストーリーとナラティヴは、両方とも『もの語り』です」[*10]と述べており、ナラティヴとして語られる内容におけるもの語り性を考慮している点である。これは心理学における要点を示していると考えられるが、本研究は人間心理を探求するものではなく、教育の意義を探求するものであることに重きをおき、野口による「ナラティヴ」と「ストーリー」の区別[*11]に基づいて用語を使うこととした。

本研究においては、ナラティヴ・アプローチ概念に基づく「もの語り」[*12]の生成によって、結果を得るものとした。分析結果は全編に亘り「もの語り」的に論じられることになる。ただし、卒業生の〝給食ストーリー〟は特にインタビュー対話からのみ得られた内容に基づいて「もの語り」を行うものであり、分析者側の視点・考えが色濃く出ている部分である。その色濃さの程度を区別する意味で〝給食ストーリー〟と表現する。

分析においては、ナラティヴ研究ならびにナラティヴ・アプローチの本質的な視点となるシンボリック相互作用論に基づき、調査者の影響を考慮した対話形式の内容を扱うこととした。また、やまだの解説にある「(1) 語り内容中心――研究目的に照らして、重要なストーリー。もの語り構成の要点。気になる、おもしろい、興味深い語りなど。[13]」及び「(2) 語り様式中心――語り方、語り口などで重要な語り。あいづちの打ち方など。繰り返し出現する語り方。特徴的な文法の様式（「疑問形」「否定形」「仮定法」の使用など）。[14]」の両方の視点を取り入れ、得られたインタビュー対話並びに川上給食教育における研究の結果（本書の第5～8章）からどのような解釈が可能かについて、分析方法で述べるアイディア会議を実施した。

4　分析手順1　テクスト生成

ここでは、ナラティヴ・アプローチを用い、インタビューの内容から卒業生が川上給食教育において何を学んだと言えるかを検討する。ただし、当該教育実践は約30～40年前に行われたものであり、第6～8章に記した実践の実態や事実と照らし合わせて論じられなければならない。そのため、インタビューの結果のみから何らかのモデルを生成する研究ではないことに留意したい。やまだのテクスト作成方法[*15]を本研究に沿う方法となるよう活用し、一次テクスト、二次テクスト、三次テクストを生成した。二次テクストなどの資料に基づいた根拠のあるアイディアを、分析手順2において創出する。

（1）－1　録音されたインタビューをそのままに書き起こす（一次テクスト生成）

（1）－2　一次テクストを1つの話のまとまりやエピソードのまとまりで区切り、分節を生成した（二次テクスト生成）。その際、以下のきまりに基づいて作業を行った。

●話の内容の転換点で区切る（例　好きなメニューの話から苦手なメニューの話になる場合、その前後で区切り、好きなメニューに関する対話、苦手なメニューに関する対話、と分ける）。

●データは対話形式で扱う。やまだ解説のシンボリック相互作用論[*16]に基づく、調査者の文言やふるまいの影響を含める。

●必要に応じて一部、前後の分節と同じ対話がコピーされる（1つの分節のみをみても、対話の内容がわかるように）。

●時間順に番号をつける（分節番号の小さいものが前の対話、分節番号の大きいものは後の対話）。

●分節にタイトルをつける。タイトルは、対象者の言葉を引用してつける。

（1）－3　論文執筆の段階において、引用される対話を読みやすく修正した（三次テクスト生成、例

「えー、その」などを省略するなど）。

5　分析手順2　アイディア会議「〃給食ストーリー〃生成」

ここからは、川喜田の発想法[*17]（ＫＪ法）を援用して執筆者以外の研究視点を取り入れる分析行程である。

（2）－1　研究者2名（執筆者含）で、インタビュー対話や関連資料に基づき、ブレインストーミング形式でアイディアを出し合い、そのオンライン会議を録画する。その際、研究の目的は給食（給食教育）を通じた子どもの学びの探究であることを確認しながら、対象者一人につき約1時間の会議を行った。アイディアの混同をさけるため、1日に一人までとした。

（2）－2　録画されたブレインストーミング会議をもとに、出されたすべてのアイディアをＫＪカードに書き出す。ＫＪカード1枚につき、1つの「1行見出し」を書き出す。

（2）－3　ＫＪ法に基づき、ＫＪカードを広い空間にランダムに配置し、近い内容のカードを見つけて束ね、その束のグループ名をつける。1回目は最も小さいグループなので、グループ名のカードに「小」とかく。グループ名は1行見出しと同様の方法でつける。これが束グループカードとなる。本来は会議参加者全員で行う作業だが、新型コロナウイルス感染症が拡大していた時期のため調査者である執筆者が単独で行った。

(2)−4　(2)−3で20〜30ほど生成された束カードを再び広い空間にランダムに配置する。近い内容の束のグループカードをさらに束にし、その束のグループ名をつける。2回目は小グループをさらにグループ化したものなので、グループ名のカードに「中」とかく。同様の方法で、グループの段階が大きくなるたび「大」「大2」などとして、その段階が区別できるようにした。この作業を束グループカードが5以下になるまで繰り返す。

(2)−5　束グループの構成をエクセルに書き出し、研究者2名（執筆者含）で束生成の妥当性と5以下となったグループ名同士の関係を検討する。対象者一人につき約1〜2時間の会議となった。

(2)−6　(2)−5における検討をもとに、給食ストーリーを記述する。

ここまで(2)−1〜(2)−6を1タームとして、対象者6名分、6ターム繰り返した。

6　分析手順3　アイディア会議「全体の結果生成」

(3)−1　研究者3名（執筆者含）で、生成した給食ストーリー6名分と、関連資料に基づきブレインストーミング会議を行い、アイディアを出し合い、録画する。その際、研究の目的は給食（給食教育）を通じた子どもの学びの探究であることを確認しながら、約2時間半の会議を行った。

(3)−2　録画されたブレインストーミング会議をもとに、出されたすべてのアイディアをＫＪカードに書き出す。

(3)−3　ＫＪ法に基づき、ＫＪカードを広い空間にランダムに配置し、近い内容のカードを見つけて束ね、その束のグループ名をつける。グループ名が書かれたカードが束グループカードとなる。本来は会議参加者全員で行う作業だが、新型コロナウイルス感染症が拡大していた時期のため調査者である執筆者が単独で行った。

(3)−4　(3)−3で70ほど生成された束グループカードを再び広い空間にランダムに配置する。近い内容の束グループカードをさらに束にし、その束のグループ名を1行見出しでつける。この作業を束グループカードが3になるまで5回繰り返した。

(3)−5　束グループの構成をエクセルに書き出し、研究者2名（執筆者含）で束生成の妥当性と、5グループ以下となった束の表札同士の関係を検討する。約2時間の会議となった。

(3)−6　(3)−5における検討をもとに、全体の結果を記述する。

ただし、アイディア会議に参加した執筆者以外の研究者2名（河村美穂、椎谷千秋）は、２０１９年のインタビュー調査以降定期的に調査結果等を報告し研究内容を把握してきた研究者であり、アイディア会議以前より川上小学校の実践に関する理解があった。また、２名とも学校教員の経験がある。

7　倫理的配慮

本調査は2019年2月に国立大学法人埼玉大学におけるヒトを対象とする研究に関する倫理規則の承認を得ている。第5章以降で実名とした元教職員3名（渋谷忠男先生、大場耕作先生、福井芳子さん）については、本章以降においても実名で扱う。卒業生は仮名（ひらがな）を用いた。

8　卒業生それぞれの給食ストーリー

(1) いちた〈A〉さんストーリー

いちたさんは子どもの頃、自由によく遊んで過ごしたそうだ。自身の仕事に愛情と誇りをもって取り組んでおり、家族には健康に配慮した手料理を毎晩ふるまっている。当時の福井芳子さんと同じ仕事の用務員であり、かつて用務員兼給食調理員も経験した。

インタビュー当日、いちたさんは、むかし川上小の給食で使っていた食器とやかんの現物、記念誌を用意して調査者を待っていた。「これが、おかず」「これが、カレー」「これがご飯茶碗」【A-6】と、一つひとつの皿が何に使われていたかを説明する。もう使われなくなった川上小のアルマイト食器は、今でもそのまま残されているそうだ。現物を見ていると、当時の楽しい光景がよみがえる気がした。いちたさんの丁寧な説明から、川上小の給食をどれほど大切に想っているかが伝わってきた。

いちたさんが中学年の時に保護者が協力して食堂を建て、川上給食教育が始まった。この給食はいちたさんにとって量が「ようけ（たくさん）」【A-5】の「ごちそう」【A-9】だったそうだ。「ごちそう」という言葉は、食事の豪華さを表すだけでなく、もてなしの意味がこめられている。冷や飯やぬくめ飯ではない、本当の米飯給食。子どもたちのための「ごちそう」である。

小学校5年生の時には、1年かけて田植えと稲刈りを経験し、収穫した米を給食で食べた。異学年合同班のチーム給食なので、〝いただきます〟の前に「5年生が作った」ので「味わって食べましょう」【A-28】と声をかけあって食べたそうだ。5年生にとっては、自分たちのお米をみんなに食べてもらう晴れ舞台。他の学年の子たちにとっては、〝すごいなあ、5年生はこんなに上手にお米をつくるんだ〟と、憧れの気持ちを抱くような日になったのかもしれない。チーム給食では、毎日「楽しく」「にぎやかに」【A-19】食事をしていたそうだ。

いちたさんは、川上小学校の楽しい出来事、学校で出会った人、その人との関わり、そういった一つひとつを細部にわたり覚えていた。おもしろい先生の話【A-34、37】、チーム給食の様子【A-12～19】、牛乳を中休みに飲んでいたこと【A-7】、遠泳が「おもろかった」こと【A-79】、河原で泳いでいたこと【A-80】、キャンプに行った話【A-82】、などなど。

特に、当時の福井さんが子どもたちのためにどんなに苦労し頑張っていたかについて、細かく振り返っていた。「（食堂で給食を食べない日は、教室まで食缶を）福井さんはずっと運んどってくんなった」「福井さんほんまにえらいめしとんなると思うで」【Ａ‐４】と思いを馳せる。他にも、食器をたくさん洗わなければならなかったこと【Ａ‐105】や、子どもたちの人数に合わせてちょうど良くなるように食事を班ごとに配ってくれたこと【Ａ‐18】なども語られた。そこには尊敬の念が感じられた。川上小学校の給食は、多くの大人が見える形で関わっている。子どもの頃のいちたさんは、その環境の中で、大人たちの姿の中におもしろい先生や、子どものために一生懸命やってくれる福井さんなど、ロールモデルになる、尊敬できる大人を見つけたようである。

（２）ふゆみ〈Ｂ〉さんストーリー

ふゆみさんは子どもたちの給食を作る調理師をしている。話には調理師でなければ語れない、専門的な内容が多かった。それだけでなく、「やっぱり給食ってすごいありがたくって、野菜を、しっかり食べさせてもらって」【Ｂ‐48】と、育つ側や親側としての給食に対する感謝の気持ちも語っていた。

「給食は……すごい大盛で。給食大好きだったので（笑い）」【Ｂ‐１】、「もう本当にこの米飯給食、私もう、すっごい残ってるんです！　記憶に」【Ｂ‐70】と嬉しそうに話すふゆみさん。当時の給食で特に印象に残っていたのは、中華そばや八宝菜に使われている出汁だったという。仕事を始めてから、先輩である福井さんに作り方を聞いたそうだ。福井さんはその時に「ようわかったね」【B-2】と言ってくれた。出汁の味わいにまで関心をもち、他との違いを見抜く子どもは極めてまれであったにちがいない。

関心は出汁だけではない。ふゆみさんにとっておいしかった給食メニューの中に、「煮しめ」があった。煮しめには、「がんも」「ちくわ」「昆布巻き」【B-5】が入っており、「甘辛い、濃いめの味」【B-21】だったそうだ。煮しめは、おそらく具材ごとに適切な味が染み入るよう、鍋を分けて調理されていたのではないかと予測する。となると、鍋を分けずに具材によって味がまばらになっている煮しめと、具材ごとの味が丁寧につけられている煮しめと、その違いを子どもながらに見抜いていたのだろうか。

ふゆみさんは言う。「私、給食をしようと思ったのが、この、給食が食べたい、食べたいというか（笑い）」「きっかけというか、あの給食、この給食が作りたいじゃないですけど」【B-46】。川上小の給食は、なんと、ふゆみさんの将来の夢になった。それだけではない。子育てをする中で、家の具だくさんのお汁などを子どもに「これ給食やん！」【B-49】と突っ込まれながらも、成長した子どもから「やっぱり小学校の時の給食（みたいな具だくさんの汁）作って～」【B-50】と言われたとのこと。今ではその子は親になり、ふゆみさんの孫にあたる子に「あ、こんなだったねえ」【B-50】と作っているとのこと。給食が家庭でも受け継がれているのだ。

ふゆみさんが中学年の時に、保護者が協力し、食堂だけでなく窯も建設してくれた。興味深いことに、窯ができていく工程をダンスにして、運動会で発表したそうだ【B-37】。他にも、食堂の隣に幼稚園の部屋があったこと【B-12】や、初めて米飯給食（食堂での給食）が始まったときに、火曜日と木曜日の週2回から始まったこと【B-14】など、当時のことを詳しく覚えていた。ふゆみさんは当時を振り返り、「先生たちがすごい熱心」【B-37】、「積極的」【B-61】と語り、「親が、協力的だったような気がするんですよね」「保護者が、地域とかが協力的だったのかなあっていうのは、あります。保護者が協力的であったこと」【B-51】と、繰り返し当時の大人たちの献身や情熱を語った。

(3) さいすけ〈C〉さんストーリー

さいすけさんは、なまやさしくない自然の厳しさを肌で知っている。職業とも関連して、生産現場への造詣が深い。

給食については「おいしかったというイメージしかない」【C-2】と話し、「給食のおばちゃんが作った料理はおいしいな」【C-33】と思っていたそうだ。ただし、小学校の楽しい思い出が「おいしかった」という印象をさらに過大にしているのかもしれない【C-55】とも言っていた。

みんなで取り組んだ実習田（田植え、稲刈り）も楽しいもので、そこで自分たちで作ったお米は「やっぱり、おいしいな」【C-25】と感じたことを覚えている。いま家族に作ってもらっている毎日の食事についても、「おいしいっていえばずっと続くんで」【C-56】と特別な表現だ。家族が作る料理はいつもおいしいということだろう。

　さいすけさんの話をよく聞くと、「おいしい」と感じる、あるいは「おいしかった」と記憶されるには、味そのものがその人にとって「おいしい」と感じられるだけでは不十分のようだ。少なくとも、他に条件が2つありそうだ。1つは、作り手が確かであり、信頼できる人だということ。さいすけさんは、「給食のおばちゃんが作った料理」が「おいしい」と感じていた。また、家族に作ってもらう食事も「おいしいっていえばずっと続く」……つまり、家族が作ってくれる料理はこれまでも「おいしかった」し、これからもずっと「おいしい」のである。さいすけさんの「おいしい」は作り手を拠り所としている。2つ目の条件は、楽しい思い出があるということ。その楽しい思い出が「おいしかった」の印象を大きくしているのでは、と自ら述べていた。わずかな味の違いよりも、誰とどのような雰囲気で食べるのかが、さいすけさんにとって「おいしい」かどうかの記憶に影響が大きい。また、学校の田んぼは「やっぱりみんな、友達っていうか。わいわいと作業するのは楽しかった。」【C-26】と話し、そのお米は「やっぱり、おいしいな」【C-25】と感じたことから、食べ物を作る過程において楽しい思い出があることも、さいすけさんの「おいしい」の記憶と関係していそうだ。

　さいすけさんは教育活動に関する内容を詳細に覚えていた。地域の高齢者が縄づくりを教えに来てくれたことだけでなく、その具体的な方法も細部にわたって説明した【C-41】。他にも、ドクダミ集めをしたこと【C-23】、子どもたちで給食に使う米を集めて回ったこと【C-22】などをよく覚えていた。

本インタビュー対象者の中では実践が始まってから3番目に早く在学したさいすけさんだが、1番目、2番目の卒業生からは語られなかった〝忘れたら箸作る実践〟の話があった。給食が始まる時間までに自分で材料の竹を（福井さんのところへ）取りに行って、小刀で削る。小学生の子どもが……そんなの間に合うのか、と尋ねると、「間に合わせるしか」【C‐20】と答え、それについてどう感じたのかを聞くと、「忘れた自分がわるいんで」【C‐20】と言った。この〝忘れたら箸作る実践〟は、福井さんのもとに『おばちゃん、箸忘れたー』と寄ってくる子どもたちの対応に追われ、必死で対応するうちに、箸を忘れておいて『おばちゃん、箸まだー？』という態度になっていく子どもへの疑問をもった福井さんの教育的視点から始まったものだ。そうすると、さいすけさんの「忘れた自分がわるいんで」はまさに、この〝忘れたら箸作る実践〟の本質を言い当てたものだろう。

（4）ようこ〈D〉さんストーリー

ようこさんの母は川上給食教育の中心人物、安達幸子さんだ。安達さんは、川上小の子どもたちのために、手間を惜しまず、学び続け、常に献身した人である。皆のために頑張りながらも、我が子への特別な愛情はしっかりと注いでいたのだろう。ようこさんの話に、寂しさの影は微塵もない。ようこさんは母のことをとても大切に想っている。

ようこさんは給食が「もうすごい好き」【D1-59】で、「一番好きなのは、かぼちゃコロッケ」【D1-3】だった。川上小の給食のかぼちゃコロッケは特別なレシピだ。一般によく見るかぼちゃコロッケは、中身がかぼちゃのみであることが多く、味も甘くバターっぽさがある。それもそれでおいしいが、川上小の給食のかぼちゃコロッケはこれとまったく違う。コロッケのジャガイモがかぼちゃになったと言う方が近い。よくマッシュしたかぼちゃに、玉ねぎと人参とひき肉がたっぷり入る。風味を調整するためにジャガイモを入れることもあったそうだ。これは、子どもを愛してやまない人が考えるかぼちゃコロッケなのだ。おいしいだけではなく、野菜もお肉もしっかり入って〝たくさん食べて、健康で、大きくなってね〟という愛情がぎゅっと詰まっている。

ようこさんが好きなメニューは他に、かきたま汁、五目御飯があった。どれも、ほかの卒業生からも「おいしい」と声が挙がったメニューだ。ようこさんはかぼちゃコロッケとかきたま汁の作り方を細部にわたり覚えていた。

興味深いことに、同じ人が作っているにも関わらず、「でもやっぱり給食で食べるのと家で食べるのとは、味がちがうんですよ」「ちがうんです……！　給食の方がおいしい」【D1-4】と言う。これは不思議だ。「わからないんですけど……違うんです。で、いっつも（かぼちゃコロッケ作ってって）言うんですけど、でもやっぱり、給食の方がおいしい（笑い）」【D1-4】とのこと。ただし、かきたま汁の味の違いを聞くと、「それはあんまりあれかなあ～、（家と給食で）同じくらいだったかなあ」【D1-10】とのことだった。

ようこさんは給食のメニューだけでなく、給食教育の内容についてもよく覚えていた。たとえば、〝いただきます〟の前に何年生が作った野菜が入っているかなど紹介があったこと【D1-31】、サツマイモやお米を作ったこと【D1-29】、縦割り班の様子や出来事【D1-32、34、35】、箸を忘れた人は竹で作ることになっていたこと【D1-42】、麦ごはんや煎り豆が健康教育に関連して出されたこと【D1-25】、家庭科で給食の食材を切ったこと【D1-70】、山へ行って縦割り班で飯ごう炊飯（キャンプ）をしたときの準備から当日までのこと【D1-72〜75】、などがある。

ようこさんが6年生の時に、縦割り班の班長となり「班のみんなが食べ終わるまで、こう、班長は、なんかいないといけないみたいな感じ」【D1-35】で、それが辛かったと話している。1年生の子が食べ終わるまで待って休み時間がほとんどなくなってしまうこともあったようだ。また、縦割り班での飯ごう炊飯では、カレーの水分が多すぎてゆるくなってしまい、「すごい自分の中でショックだった（笑い）」【D1-74】そうだ。ようこさんは、与えられた役割に誠実に応えようとする、責任感のある人だ。

ようこさんが6年生の時に、安達さんは別の学校へ異動したため、最後の1年は給食調理員が変わっている。しかし、「印象としてはね、そんなにもう、給食自体はそんなに変わった印象は……なかったと思うけど」【D1-27】とのこと。安達幸子さんと良いペアとなって実践を支えてきた福井芳子さんがいたからなのか、ようこさん自身が学校で周りと信頼関係を築いていたからなのか。いずれにしても、給食の印象は変わらなかったそうだ。

(5) ごろう〈E〉さんストーリー

ごろうさんは明るくて活発な人だ。小学校時代にどんなことをして遊んだのかを具体的に、それもたくさん、話していた。

たとえば、帰り道。「まともに帰らない」【E-19】で、地元の農家が運転する耕うん機のトレーラーに乗せてもらって帰ったり【E-20】、移動販売のお手伝いをしたり【E-21】、帰り道に木の実を食べたり【E-22】、マッチ遊びをしたり【E-69】。まともに帰らない帰り道は、子どもらしい発想と思いつきに溢れた冒険の宝庫である。他にも遠足では、使用ずみの缶詰を鍋にして上手に使い、沢蟹を湯がいて食べてみたり【E-54】、松茸を採って焼いて食べたり【E-55】。ごろうさんの冒険は今の暮らしでも息づいている。子どもと一緒に家庭菜園を楽しみ【E-60】、作ったものを工夫しておいしく料理する【E-45、73】。木の実など食べられるものを拾って、子どもと一緒に調理して食べてみる【E-61】。憧れの薪ストーブを取り入れ、そこにある危険も含めて子どもと一緒に暮らしを楽しむ【E-70】。

この生き生きとした子ども時代は、もちろんごろうさん自身の活発さ、身体能力の高さ等によるものが大きい。ただそれと同時に、子どもらしい感性を豊かに育む環境があったことも大事だろう。冒険には危険がつきものだ。小さい危険は、実際に遭遇してみて学ぶことができる。だが大きい危険には、子どもは遭遇してはいけない。ごろうさんたちがのびのびと自分たちの知恵を活かして冒険できたのは、それとなく子どもたちの様子を知っている大人たちの〝見守りの目〟

があったからではないだろうか。火遊びを禁止してしまえば、見ていなくても安全である。だが火遊びを禁止するのではなく、安全な火遊びを子どもたちが学ぶまで見守り続け、声をかけ続ける。これは禁止するよりもはるかに大人にとって忍耐と努力が強いられるものである。

給食教育の一環として、学校菜園における栽培の他に、子どもたちの祖父母や地域の高齢者を巻き込まなければ達成できない栽培活動の課題を与えた。子どもたちは大根の種をもらい、家で育て、収穫したものを展示したり【E-4、5、60、73】、掘ったタケノコを持って行って給食で食べたりした【E-2】。どれも「おじいちゃんおばあちゃん」の力を借りないとなかなか達成するのが難しい【E-5、6】。ごろうさんの「おばあちゃんとかと一緒に種植えて、大根とか持って行ったりとかして。これは食べる、とか、ね。そういう、大根とかを、こう……ちっちゃいやつ、まびいたやつを浅漬けにしたり、とかっていうのを覚えているんで」【E-60】という話からも、おばあちゃんが、食べ物を余すことなくおいしく食べる方法を伝授してくれたことが伝わってくる。ごろうさんの話の中に出てくる「おじいちゃんおばあちゃん」は、上手に野菜を育ててくれる人で、野菜を使ったおいしい料理を伝授してくれる人、つまり子どもたちの教育に欠かせない貴重な人として現れるのだ。

地域の大人や「おじいちゃんおばあちゃん」が子どもたちと教育を通じて関わり合うことが、地域全体に温かい見守りの目を広げていったのではないだろうか。子どもたちは、地域のみんなのよく知る〝川上の子どもたち〟なのである。だから、帰り道に耕うん機に乗せてあげる。

ちょっとくらい木の実を食べられても、いいよ、と見て見ぬふりをしておく。スイカを持って帰ったのは怒られた【E-23】というように、度を超えるということも教えてあげる。その「度」は子どものうちに、ちゃんと失敗を経験して、関係の中で積極的に学ばれなければならないのだ。

ごろうさんのお話から、当時の子どもたちと大人たちが、互いに信頼関係にあることがうかがえた。川上給食教育は、子どもたちが安心して思い切り冒険できる環境、その人間関係の土台を築いたのかもしれない。ごろうさんは子どもらしく生き生きと遊び、その生きた学びを今、子育ての中で活かしている。

⑹　むつえ〈F〉さんストーリー

むつえさんは、仲の良い家庭ですくすく育った人なのだろう。毎年春頃になると家族でふき・わらび採りに出かけるという。両親も連れて行くふき・わらび採りは、今でも楽しみな日だとのこと【F-25】。むつえさんの家は、自分たちで食べる分の田んぼや畑がある【F-64】。母は無農薬で野菜を育てているが【F-65】、無農薬は苦労が多く、「全然おっきならん（大きくならない）」としょっちゅう言っている【F-67】そうだ。

川上給食教育の終わりは、保護者の木造手作り食堂が建て替えられた1987年である。その前後を知っているむつえさんは、古い木造校舎から新しい鉄筋コンクリートの校舎になって、印象が「全然違いますね」【F-4】と話す。「木造校舎で……今思うとどうだったかな。でも古いけど、なんか、木のぬくもりっていう。新しいですけど……すごい冷たい……色もね、まっ白。冷たい、無機質な感じ……しましたね。」【F-4】と、温かみや親しみのある木造校舎、新しいけれどもどこか冷たさを感じる新校舎の違い。「寂しかったと思ったような」【F-4】気がしたそうだ。むつえさんはこうも話す。「父も同じ校舎でね、育ったんですよ。」「父もここで、と思うと、すごい特別な感情が……そんな前から子どもがね、卒業してたくさん育ったんだって思うと。そこまでその時は思わなかったんですけど。でも父もそうなんだって思った記憶があるので。」【F-4】と、父と同じ校舎で「育った」ため、思い入れもあるようだ。

小学校で「育った」。むつえさんは、他の話題でも「違う小学校で育った子たちもパン食べたのかなと思うんです」【F-35】と、小学校で「育った」と表現した。当時の川上小学校は、子どもたちを温かく守り育んでくれる、大きな家のような印象だったのかもしれない。

むつえさんは、給食が「美味しかった」【F-14】と記憶している。「たくさん作るものって、少量作るものにはない、たくさん作るの特有の味があると思う」【F-14】とのこと。福井さんたちが「すごく大きな」【F-14】回転釜を回して作ってくれている様子を見ていた。給食は「もう残さず食べる。もう、作ってくれた人への感謝。」【F-59】の気持ちで食べていたようで、給食前の〝いただきます〟の挨拶では、食材を提供してくれた人への感謝の気持ちもありつつ、「作ってくれたおばちゃんも一緒に食べるわけじゃないですか」【F-59】「別にそれを誰かに強要されたわけじゃない」【F-60】けれども、特に作ってくれた人への感謝の気持ちがあり、「やっぱり残すってことは作ってくれた人への感謝がね。ま……思って作っていただいているわけなので」「残すことはやっぱり失礼のように思いますね」【F-60】と振り返った。

さらには、給食調理員を「先生の並び」【F-32】と表現した。当時は福井さんのことを「福井のおばちゃん」【F-32】と親しみを込めて呼んでいたそうだ。「先生の並び」で「福井のおばちゃん」。子どもの頃のむつえさんにとって、福井さんは他の教職員が代理できない位置にいる。「友達と話していて思い出したのが、あの、箸がね」「忘れた人は削って作れということなんですよ！（笑い）これは思い出しましたねえ！」【F-24】。強烈な記憶として残っているのは、やはり〝忘れたら箸作る〟実践だ。「スパンスパンと切った1センチ角」【F-24】の竹が用意されていて、自分でどうにかしなければならない。それをどうにかしていた。思わず微笑んでしまう思い出だ。低学年の頃は班の高学年に手伝ってもらっていた【F-24】という。

むつえさんからは、両親や、学校で関わってくれた福井さんたち大人への気遣いと感謝の気持ちが、愉快な思い出とともにたくさん語られた。

9　給食について覚えていること

対象者が給食について覚えていることを表9－2にまとめた。

本章は半構造化インタビューの形式をとっているため、基本的な枠組みとして必ず尋ねていること（給食の印象、メニューなど）があるが、それ以外に話す中で共通して引き出される内容があったため、必ずしも表中最左列の項目すべてを尋ねたわけではない。そのため、表中の「（聞いていない）」のところは、調査者側で尋ねていない箇所であり、同じ段において回答のある場合は、話の流れでたまたま答えがあったか、話の流れで調査者が特に尋ねた内容である。

（1）給食の印象

給食の印象は「おいしい」「大好き」「楽しみな時間」と表現されていた。具体的にどのように語られたのかを紹介したい。それぞれのインタビュー対話を表９－１のアルファベットと分節番号によって引用する。

【A－5】

和井田：当時給食を食べていた側として、こういうことが印象にのこっているなぁーっていう風にお感じになることとって、何かありますか？

いちたさん：えーやっぱり、おいしかったな。

和井田：おいしかった。

いちたさん：うん。

和井田：はぁー！（驚き・喜びなどが入り混じって）

D　ようこさん	E　ごろうさん	F　むつえさん
すごい好き　すごい楽しみな時間	当たり前　(味は)普通においしかった	おいしかったです、すごい
給食で食べるのと家で食べるのとでは味が違う　給食の方がおいしいと感じる	(聞いていない)	(おいしさでは変わりなし)
縦割り班　1年生から6年生まで　1つの班は6～8人　先生も空いているところに入っていた　高学年が班長　班長は班の子が食べ終わるまで付き添わないといけない　班の目標みたいなものがあった　(小さい子には)食べにくいものがあるときには、1年生から6年生までいるので、入れる時(配膳時)にちょっと配慮した　山に行って、給食の縦割り班で飯ごう炊飯をした	チームに何学年かがいて、お兄ちゃんがちっちゃい子の面倒をみるようになっていた　運動会の赤チーム青チーム黄チーム白チームで給食の班(チーム)になっていた　1年生から6年生まで4つに分かれていた　全校120～130人みんなが入れるランチルームだった　当番はチームごとにまわってきた　おっきい子がちっちゃい子の面倒をみられるように(学年ごとではなく)ごちゃごちゃに座っていた　途中で古い校舎からきれいなランチルームに変わった　古い校舎も新しい校舎もランチルームの配置(通路・入口・廊下・調理室との位置関係を詳しく話している)は新旧ほとんど同じで、広さも同じくらい	古い校舎から新しい校舎に建て替わった　古い校舎は木のぬくもりがあった、新しい校舎は清潔感があってきれいだけれど真っ白で冷たい印象　新しい校舎も古い校舎もランチルームの造り(配置等)は同じだった(調理室との位置関係・扉の位置など詳しく話している)　1年生から6年生までの縦割り班で食べていた　6年生とかが小さい子の面倒をみてくれるような班の組み方で食べていた　運動会の赤・白・青・黄(チーム)の4つくらいに分けられていた　縦割り班に1学年2～3人いたので、1班15～20人くらいだったのかもしれない　当時全校生徒が128人いた　(箸を忘れたら作るに関して)2年生か3年生の頃忘れた時に高学年の子に手伝ってもらったことがあったかもしれない、力がいるから　いろんな年代の子と一緒に食べている
ぺちゃくちゃ　そんなしゃべらず一生懸命食べている	(聞いていない)	(聞いていない)
かぼちゃコロッケ(カボチャ、ジャガイモ、ひき肉、玉ねぎ、人参。野菜の具も多い。カボチャとジャガイモは湯がくのではなく蒸す。とても柔らかい。)、五目御飯(鶏肉、糸こんにゃく、グリーンピース、人参、ごぼう等その季節のもの)、かきたま汁(卵がふわあっとしている。水溶き片栗粉を使っている。)、覚えていないけどチリコンカンあったらしい	覚えていない　ワカメ入りのかきたまスープ (カレー、カレーのお肉は豚小間のようなものだった。たくあんご飯、栗ご飯。パンは出ていない。チリコンカーン、大豆を使っている。うどんみたいなものもあった)	かぼちゃコロッケ(カボチャと、サツマイモも入っていたのかな？、玉ねぎ、ひき肉、人参か何か。パン粉が粗目でおいしかった)、ちぐさ和え(炒り卵とほうれん草と出汁)、チリコンカン(トマトベースで、お豆さんが入っている。人参も。豚肉をサイコロに切ったもの。)、混ぜご飯、フキごはん(フキ、揚げ、こんにゃく)、フキの揚げ物、ぜんざい、赤飯、牛乳(煎り豆)、夏野菜カレー(カボチャ、ナス、おいしかった)。

表9-2　給食について覚えていること※　その1

	A　いちたさん	B　ふゆみさん	C　さいすけさん
給食の印象	ごちそう　ようけ　おいしかったな　楽しみだった	すごい大盛で　給食大好き　給食の味が忘れられない　おいしかった	おいしかったというイメージしかない　給食のおばちゃんが作った料理はおいしい　楽しみな時間
家と給食	学校で食べる米の方がおいしかった 学校へ行けばごちそうが食べられると思っていた	給食でしか食べないものがある 給食の方がレパートリーがある	給食の方がおいしかった
食堂（ランチルーム、給食室）及び異学年合同班（縦割り班、チーム給食）について	(保育所と）理科室があったところをランチルームに改装した　1年から6年までいた 10～20人くらいずつに分かれて　大勢いた　赤白黄青の運動会のチームに分かれて食べていた「チーム給食」メンバーは1年間固定　高学年（4、5、6年生）が配膳し、低学年は待っていた	理科室・理科準備室を改装してランチルームになった　米飯給食が始まる前は教室で食べていた　1年生から6年生までの縦割り班で食べていた　最初のスタートは火・木だった　体育館に集合して、縦割り班に並んで、6年生がランチルームに連れて行く　縦割り班は1テーブル8人くらい　先生もぽつぽつと（全ての班かはわからないけれど）入っていた　みんなで一緒にごはんを食べていた「静かに食べる」「残さず食べる」などの班の目標があった	給食当番は各学年で順番に 給食の時間になったらみんなが給食室に集まる　低学年は（当番の仕事は）なかった　1年生から6年生が混ざって座っていた　6、7人で1つの机を使っていた　そのようなグループがたくさんあった　給食当番は少し早めに給食室へ行った
食事中の様子	楽しい　楽しく　にぎやかに食べていた	みんなおいしいと思いながら 好きな給食は「わーっ」て食べたり	しゃべったりして　楽しく
メニュー	肉じゃが、五目御飯、カレー、煮物、炊いたお魚、サバの味噌煮、デザート（月に何回か、バナナ・みかん)、ビビンバや唐揚げや麻婆豆腐は当時はなかった、中華はなかった、天ぷらや揚げ物はあまりなかった、煮物は多かった、お魚炊いてあった、サバの味噌煮、かきたま汁はあった、フキは出た	八宝菜や中華そばのベースになる出汁には鶏ガラが使われている、中華そば（葱、もやし、蒲鉾、人参、白菜などが入っている煮込みラーメン風）には昆布の佃煮が付いている、カレー（福神漬け)、煮しめ（がんも、ひろうす、ちくわ、ニシン入りの昆布巻きが入っていて甘辛い濃いめの味付け)、炊き込みご飯（鶏肉、人参、椎茸、揚げ)、わかめご飯、麦ごはん、サバのフライ、かきたま汁（ほうれん草入り)、つみれ（イワシ）の団子汁、焼き魚はなかった、煮込みうどん、野菜をしっかり食べさせてもらった、具だくさんの汁	覚えていない （主菜とご飯と汁があった。ご飯は白飯や炊き込みご飯。お肉はシチューなどに入っていたり、野菜と合わせた料理として出ていた。煮魚があった。豆腐は汁物に入っていた。揚げ物系もあったような。歯を強くするために煎り豆が出た。)

D　ようこさん	E　ごろうさん	F　むつえさん
かぼちゃコロッケ　かきたま汁　五目御飯	かきたまスープ　カレー	かぼちゃコロッケ　ちぐさ和え　チリコンカン　ふきごはん　ふきの揚げ物　（夏野菜カレー）
ない	ない	ぜんざい、赤飯、牛乳、（煎り豆）
咀嚼が問題だということで、煎り豆が出た	箸を上手に使える、そういう競争みたいなもの（大豆の早つまみ大会）	箸の使い方、正しく使えるようになることが目的なのかもしれない（豆つまみ大会）
（聞いていない）	納豆は食べられない	同上 （保育所の給食でジャコを３匹食べなきゃならなかったのが辛かった）
残食はなかった（同席の福井さんも、残食はなかったと振り返る）	（残食は）たぶんないと思う　（お茶碗のご飯粒）たいがいきれいだったと思います、残さず	なかったんじゃないかな　残ってるイメージがない
（残っていたら）気になりますね　最後お茶をかけて（きれいに食べきる）	（残っていたら）気になります　（給食は）たいがいきれいだったと思います、残さず	（残っていたら）気になりますね もったいないと言われたっていう
班長（高学年）は、低学年の子などで、食べるのが遅い子が班にいたら、ずっと付き合わなければいけないことになっていた。もう昼休みが終わってしまうというところまで付き合った記憶がある。（班長だったので）それが辛かった。	食べるのが遅い方だった。先生がついていてくれた。（先生は、食べさせたり指導するというよりは、ただ横にいて待っているような形。無理に食べさせようとすることはない） 最後まで先生とマンツーマン状態になって食べている子（ごろうさんではない）もいて、苦手なものを食べなければならない時には半泣きになっていたようだった。遊ぶ時間がなくならないように早く食べようと思った。	時間はかかっても、完食。作ってくれた人に対する感謝みたいなものももちろんですし、残してはいけないっていう考え方があった。苦手なものを食べるときはやっぱり、残せない辛さみたいなのはあった。そのような時はみんな食べていなくなって……最後まで残って食べた。お昼休みも終わるよ、早く食べって。
〈関係者が家族〉	安達さん　Mさん	Hさん　福井さん

表9-2　給食について覚えていること(続き)※　その２

	A　いちたさん	B　ふゆみさん	C　さいすけさん
給食に関して好きなメニュー	肉じゃが　五目御飯	カレー　中華そば　八宝菜　煮しめ　かきたま汁　煮込みうどん　炊き込みご飯	覚えていない（給食のおばちゃんが作る料理はおいしい）
給食に関して苦手なメニュー	ない	サバのフライ（サイズが大きかった）、イワシの団子汁 ※どちらも今は苦手ではない、サバのフライは大好き	ない　（煎り豆は嫌だなと思った） 野菜や煎り豆も全部食べた
なぜ煎り豆が出されたのか	（煎り豆の話はなかった）	（煎り豆の話はなかった）	歯を強くする運動として煎り豆が出た
給食以外でも苦手な食べ物など	納豆は食べられない	（聞いていない）	野菜類 ※給食も含めて出されたものを残すことはない。自分から積極的に選ぼうとは思わない。
残食に関して	（聞いていない）	給食はとてもおいしかったので、残している姿は見ていない	基本残さずにみんな　時間かけてでも食べた
お茶碗の米粒	（給食で）残っていなかった　きれいに食べていた　目が潰れるって言って	（聞いていない）	（残っていたら）すごく気になります　きれいに食べるのが普通だったので
残さず最後まで食べることに関連して	（特には、聞いていない）	（特には、聞いていない。ただし、サバのフライは大きさのことをお話されていたので、食べきるのが大変だったのかもしれない）	食べるのが遅い方だったが、急かされることもなく、ゆっくり完食するまで食べた。苦手なものも食べ終わるまで。食べ終わるとみんな遊びに行ってしまうので、（さいすけさんではないが）１人残って泣きながら食べている子もいた。食べるのが遅い子の横には先生がついていた（急かすのではない）。
覚えている調理員	安達さん　福井さん　Kさん	安達さん　福井さん　Kさん	福井さん　安達さん　もう１人だれか

※表の内容として統一性をもたせるため、意味が変わらない範囲で文言を編集している。

いちたさん：ようけ……ようけってわかる？
和井田：ヨウケ？　あ……。
いちたさん：（笑い）。たくさん。
和井田：たくさん。あぁー！　わかります、わかります。
いちたさん：たくさんつくんなるでぇ。おいしかったなぁ。
和井田：おいしかった。たくさんで。その〝たくさん〟というのは……たとえば、お家でまぁ……食べる……いつも食べているような感じよりも、いっぱいある〜、というような感じですか？
いちたさん：もうー、そうそうそうそう、量が全然ね、多いいね。
和井田：多いい。へぇー……え……それは……
いちたさん：子どもの人数が多い。
和井田：子どもの人数。
いちたさん：うん。

【A－9】の一部
（学校で出る五目御飯がおいしかった、家では滅多に食べられないという話の続き）
和井田：そうですね、確かに……手間がかかる……？
いちたさん：〝学校行けば、ごちそうが食える〟って思うとったで

和井田：学校行けば、ごちそう……！

【Ｂ－１】

和井田：当時の給食についてなんですけど、一番印象に残っているというか……説明するとこういう給食だったっていうのはありますか？

ふゆみさん：給食は……すごい大盛で。給食大好きだったので（笑い）。

和井田：給食大好き（笑い）。

ふゆみさん：はい（笑い）。すごい、あの……！　八宝菜とかもその頃ね、食材、食材と言うか……福井さんに私一度、聞いたことがあったんです。仕事をするようになってからなんですけど。あの時の給食の味がすごい忘れられないって。

和井田：給食の味が忘れられない……！

ふゆみさん：八宝菜とか、まああの……中華そば、とかの、そのもとになるベースの出汁って何だったんですかって聞いたことがある。

和井田：へぇえ……！

【Ｂ－２】の一部

ふゆみさん：それは鶏ガラからとったって言われてたんです。

和井田：あ、鶏ガラから。
ふゆみさん：鶏の骨をね、買って。それでスープをとった。そういうまあ、手間なことを、ようわかったねって。ということを言われたことがあって。すごい味が……！　あの、おいしかったです‼（笑い）。

【C－2】
和井田：川上小学校の給食っていうと、どんなご印象をお持ちですか？
さいすけさん：おいしかったというイメージしかない。
和井田：おいしかった。
さいすけさん：なんかもう、昼前、昼前っていうか午前中から料理のにおいがぷんぷん……あの、教室に。教室に、漂ってくる。
和井田：漂って……へえ。

【C－33】の一部
和井田：お家で食べるお食事と学校で食べるお食事って同じような感じでしたか？　印象として……
さいすけさん：あっ、給食の方がおいしかったです（笑い）。
和井田：（笑い）。

さいすけさん：親に作ってもらう料理より、給食の……給食のおばちゃんが作った料理はおいしいなっていう。

和井田：へぇー！　そうなんですね。給食のおばちゃんが作った料理はやっぱりおいしいなっていう……給食のおばちゃんっていうのはどんなイメージの存在ですか？　表現難しいと思うんですけど（笑い）。

さいすけさん：（笑い）。

【D1－59】

和井田：給食もそうなんですけど、学校にいる間、楽しかったことってどんなことですか？

ようこさん：給食の？

和井田：給食も含めて、給食以外でも、楽しかったこと……

ようこさん：あのー、なんだろう。私がでも、本当に給食は、もうすごい好きだったんですよ。

和井田：おー！

ようこさん：すごい楽しみな時間だったので。

和井田：すごい楽しみな時間！

ようこさん：そうだったんです。はい。

和井田：あの……何時間目から楽しみにしているような？

Oさん・福井さん：（笑い）。
ようこさん：そうそう（笑い）。もうちょっと4時間目くらいから（笑い）。
和井田：4時間目くらいから（笑い）。
ようこさん：もう楽しみだったので。
和井田：楽しみ。
ようこさん：なのですごい好きは好きだったんです。好き嫌いも特になかったので。

【F-14】
和井田：手作りの給食はおいしかったですか？（前の会話において給食に手作りが多かったことをお話しいただいていたので）
むつえさん：おいしかったです。なんかその、たくさん作るものって、少量作るものにはない、たくさん作るの特有の味があると思うんですけど。
和井田：ほおお、はい。
むつえさん：そういうイメージがありますね。たくさん、その、作るっていうところも。たとえばあの、2時間目と3時間目の間の20分休みだったと思うんですけど……
和井田：はい。
むつえさん：その時に見たのかな。なんかその、すごく大きな……こう、ぐるぐる回して回転する式の鍋で。その、調理員、調理っていうおばちゃんが、その……福井さんとか。

和井田：はい。

「おいしい」というだけでなく、「ごちそう」「味が忘れられない」「給食のおばちゃんが作った料理はおいしい」といった表現があり、「すごい」がつくなど、その程度が並外れていることがわかる。それも、当時の給食から約30〜40年を経て語られたものであり、子どもであった当時の感動や気持ちを思い出しながら話すように感じられる。いちたさんは「ようけ」「たくさんつくんなるでぇ。おいしかったなぁ。」、ふゆみさんは「給食は……すごい大盛で。給食大好きだったので（笑い）。」と話し、おいしさと食事の量が関連して語られていた。むつえさんは「おいしかったです。なんかその、たくさん作るものって、少量作るものにはない、たくさん作るの特有の味があると思うんですけど。」のように、おいしさと作る量が関連して語られていた。

唯一、ごろうさんのみ「普通においしかった」と話している。その箇所の対話は次のようなものであった。

【E-12】

和井田：味……味はどうでしたか？　給食は。

ごろうさん：給食ですか？

和井田：はい。
ごろうさん：給食。どうですかね、でも普通においしかったと思います。
和井田：あ、普通に。
ごろうさん：はい。

【E-27】
和井田：給食の時間はどうでしたか？　楽しみでしたか？
ごろうさん：給食ですか？　給食の時間は……そうですね、まあ、当たり前。当たり前だったですね。そんな楽しいとか思ったことはないですけど。
和井田：あ、当たり前に来る時間？
ごろうさん：はい。
和井田：苦痛だとかそういうことはありましたか？
ごろうさん：なんもないです。
和井田：ない。
ごろうさん：はい。

「普通においしかった」は、当たり前の食事時間として何の問題もなかったと解釈できる。他の人のように、味に対する特別な感動などはなかったとしても、日常食として不満に思うこともなかったようだ。前述の「8　卒業生それぞれの給食ストーリー」における、ごろうさんのストーリーからもわかるように、ごろうさんは給食のお話よりも、小学校時代に生き生きと遊んだ記憶をたくさん話す人だった。ごろうさんの小学校時代は楽しいことに溢れており、それを踏まえて「当たり前」「普通」という言葉の意味を考えると、特に給食だけを楽しみにするということはないけれど、楽しい日常の当たり前の時間であったという意味と解釈できる。

(2) 食堂（ランチルーム、給食室）・異学年合同班（縦割り班、チーム給食）について

川上小学校には食堂（またはランチルーム、給食室）と呼ばれる、全校児童教職員が一堂に会せる広い場所があった。それは1976年の夏休みに保護者が協力し合って建設してくれた〝手作り食堂〟である。その〝手作り食堂〟建設時に在学していた、いちたさんとふゆみさんは、「（保育所と）理科室があったところをランチルームに改装した」「理科室・理科準備室を改装してランチルームになった」と、ランチルームになる前の教室が何に使われていたのかも覚えていた。実際に川上小学校教育計画に掲載されている校舎構図資料をみると、理科室と副教材室（理科準備室）が食堂になっていることが確認できる。もともと食堂が建設されるきっかけとなったのは、保育所が校舎の外へ移動したからであり、そこに理科室と理科準備室を移動できることになったためであることを考えると、いちたさんが保育所をセットに記憶しているのは間違っていない。

全員が食堂での給食を、誰とどのように食べたかを鮮明に記憶していた。食堂は「全校120～130人みんなが入れるランチルームだった（ごろうさん）」ので「給食の時間になったらみんなが給食室（食堂）に集まる（さいすけさん）」ようになっており、「大勢いた（いちたさん）」「みんなで一緒にごはんを食べていた（ふゆみさん）」「いろんな年代の子と一緒に食べている（むつぇさん）」というように、一堂に会して「みんなで」「全員で」「大勢で」食べていたことが印象に残っているようだった。

特に注目したいのは、「1年生から6年生まで（いちたさん、ふゆみさん、さいすけさん、ようこさん、ごろうさん、むつぇさん）」すべての学年が含まれる、6～10名あるいは15～20名ほどの「縦割り班」と呼ばれる異学年合同班、「チーム給食」である。これは「赤・白・黄・青の運動会のチーム（いちたさん、ごろうさん、むつぇさん）」がもとになっている。全校生徒を大きく4つに分け、さらにそれをいくつかに分けて異学年合同班を構成していたようだ。

同時に、この異学年合同班は、「6年生とかが小さい子の面倒をみてくれるような班の組み方で食べていた（むつぇさん）」ものであり、「チームに何学年かがいて、お兄ちゃんがちっちゃい子の面倒をみるようになっていた（ごろうさん）」のであった。つまり、高学年と低学年で世話をする・世話をされる、という位置の印象が明確にあったことが特徴的である。給食室まで「6年生が連れて（ふゆみさん）」行くことになっており、[*18]「高学年（4、5、6年生）が配膳し、低学年は待っていた（いちたさん）」「低学年は（当番の仕事は）なかった（さいすけさん）」という。また、「（小さい子には）食べにくいものがあるときには、1年生から6年生までいるので、入れる時（配膳時）にちょっと配慮（ようこさん）」するなど、高学年が低学年に気を配っている。座り方も「おっきい子がちっちゃい子の面倒をみられるように（学年ごとではなく）ごちゃごちゃに座っていた（ごろうさん）」。高学年が班長を務め、ようこさんは「私の記憶は、班のみんなが食べ終わるまで、こう、班長は、なんかいないといけないみたいな感じで　1年生のすごい遅い子がいたら、ずっと付き合わないといけない[*19]（笑い）【D1-35】」ということを記憶していた。低学年の子が困っていたら「（箸を忘れたら作るに関して）2年生か3年生の頃忘れた時に高学年の子に手伝ってもらったことがあったかもしれない、力がいるから（むつえさん）」のように面倒をみてくれる高学年児童の姿も記憶にある。

このような異学年合同班で食べる食事は、「しゃべったりして　楽しく（さいすけさん）」「楽しく　にぎやかに食べていた（いちたさん）」のようなリラックスしておしゃべりを楽しみながら食べていたという記憶と、「みんなおいしいと思いながら　好きな給食は『わーっ』て食べたり（ふゆみさん）」「ぺちゃくちゃ　そんなしゃべらず　一生懸命食べている（ようこさん）」のように、おしゃべりすることも忘れておいしい給食を一生懸命食べていた記憶と、両方の記憶があった。

（3）給食のメニュー、好きなもの・苦手なもの等

給食のメニューについて覚えているか覚えていないかという自覚は、対象者によってはっきり

と分かれた。いちたさん、ふゆみさん、ようこさん、むつえさんは当時のメニューを詳しく覚えていた。さいすけさんとごろうさんは覚えていないとのことだったが、話す中で表9－2に示した内容が語られた。さいすけさんは「主菜とご飯と汁があった（さいすけさん）」のように食事の構成を詳しく覚えており、ごろうさんは好きなメニューとしてかきたまスープを思い出したほか、カレー、たくあんご飯、栗ご飯、チリコンカーン、うどんなどのメニューが出されていたことも思い出した。

好きなメニューとして「肉じゃが（いちたさん）」「五目御飯・炊き込みご飯（いちたさん、ふゆみさん、ようこさん）」「八宝菜（ふゆみさん、ごろうさん、むつえさん）」「中華そば（ふゆみさん）」「カレー・夏野菜カレー（ふゆみさん）」「煮しめ（ふゆみさん）」「かきたま汁（ふゆみさん、ようこさん、ごろうさん）」「煮込みうどん（ふゆみさん）」「かぼちゃコロッケ（ようこさん、むつえさん）」「ちぐさ和え（むつえさん）」「チリコンカン（むつえさん）」「ふきご飯（むつえさん）」「ふきの揚げ物（むつえさん）」が挙げられ、特に「五目御飯・炊き込みご飯・混ぜご飯」「かぼちゃコロッケ」「かきたま汁」「カレー・夏野菜カレー」は2人以上が好きなメニューとして思い出した。

好きなメニューをたくさん思い出していた、ふゆみさんとむつえさんは、苦手だったものもいくつか挙げた。ふゆみさんは当時「サバのフライ（サイズが大きかった）」と「イワシの団子汁」が苦手だったそうだが、今は苦手ではないそうだ。むつえさんはもともと苦手だった「ぜんざい」「赤飯」「牛乳」を給食で食べる時には、苦手だなと思っているものの残せないと感じていたため、辛かったとのことだ。一方でいちたさん、ごろうさんは納豆が食べられないが、「いちたさん：（苦手なものは）なかったな。だって納豆なんて出ないし。全然なかったな。【A-11】」「ごろうさん：嫌いなメニューですか？　嫌いなメニューは特にないですね。食べられないものとかがあったわけではないんで。／和井田：もともと特に苦手な食べ物はない……？／ごろうさん：ぼく納豆とかは食べられないんですよ。／和井田：あ、納豆は。／ごろうさん：とかは。でも今は出るみたいですけど、その頃はなかったと思います。高校生になって初めて、ぼく納豆食べたんで。【E-28、29】」と話しているように、当時の給食では納豆が出なかったため、二人とも苦手なメニューは「全然なかった」「特にないですね」とのことだった。

苦手なものが給食に出るのは辛い。しかし、さいすけさんが苦手と話している野菜は、ほかの人とは違う印象であった。それは次の対話からわかる。

【C-49、50】の一部

和井田：お野菜は小学校のころから苦手だとお伺いしましたが。
さいすけさん：食べず嫌い。出されたものは食べるんですけど、あえて選ぶってことはしない。
和井田：小学校、給食で結構たくさん野菜が出ていたかなと思うんですけど……
さいすけさん：それは食べて。
和井田：それは……辛いみたいな記憶ではないですか？

さいすけさん：（辛いみたいな）記憶ではない。

和井田：それこそ、炊き込み御飯とかは、鶏肉以外は……人参とかシイタケとかなんかこう、ごぼうとか。五目御飯に入っている具は……

さいすけさん：とりあえず、出されたものはきちんと食べてます。残さずに。

和井田：残さずに。

川上小学校の給食にはたくさんの野菜が入っていた。それでもさいすけさんは、「給食のおばちゃんが作った料理はおいしい【C-33】」と言っており、それらの野菜を給食で食べるのに苦労したり辛いと感じた記憶はないどころか、「おいしかったというイメージしかない【C-2】」のである。

興味深いことに、川上給食教育の中で「子どもの歯やあごの発達をうながす[*20]」ために出されていたという〝煎り豆〟はネガティブに語られがちだった。当時何か嫌いなものがあったかどうか、さいすけさんに聞くと「嫌いな……野菜結構あれだったんですけど、その、大豆を、煎った大豆……【C-11】」と答えた。むつえさんのインタビューの中でも、嫌いだったものと関連して煎り豆が挙がった。むつえさんは保育所の給食時代にジャコ3匹を（おそらく習慣的に）食べなければならなかったことを思い出し、「もうどうにか、もう3匹なのでどうにか【F-88】」食べたとのことで、「もうすごい嫌いだった、ジャコが【F-88】」と言う。さらに、「無理やり食べなきゃいけなかったって記憶があることは悲しいですよね。楽しいはずが。あ、もう一つ思い出したことがあった【F-89】」に続いて思い出したのが「豆つまみ大会（煎り豆を箸でつかむ競争）」の話であり、「豆を……豆を食べてたような記憶があって。給食の時だったかな。ほんとにもう、わら半紙の……あの紙に、豆をこう、数粒。なんか食べた……豆を食べた記憶がある。煎った豆を。【F-89】」と語った。

この煎り豆は、実践の時期によって子どもたちに理解されている意義がまったく違うことも興味深い。実践内容はその都度、作り変えられていたので、在学していた時期によって経験した実践内容の詳細が違う。いちたさんとふゆみさんの頃は煎り豆がまだ出されていなかったようで、煎り豆の話はなかった。さいすけさんとようこさんは、「歯を強くする運動」「咀嚼が問題だということで」のように、健康増進的意義があって出されていたことを理解していた。ごろうさんとむつえさんの時には「早つまみ大会」あるいは「箸つまみ大会」と呼ばれる、箸さばきの競争が行われたようで、給食班対抗で競ったそうだ。この時には箸を上手に使えるようにするために煎り豆が出されたようであり、歯やあごの発達といった健康増進的意義は語られなかった。

実践の後半の1985年頃に、給食調理員（給食教育計画作成者）が安達幸子さんからHさんに交代している（表7-1参照）。また、その時代の教育課題や子どもの実態に合わせて実践内容は作り変えられていた。煎り豆提供には途中から箸の使い方を習得する意義も加わり、実践内容が新しくなった（大豆の早つまみ大会・豆つまみ大会が導入された）。このような実践の作り変えが対象者の意義理解の違いに影響していると考えられる。

(4) 残食

現在の学校給食においては、毎日大量の残食が出ており、食品ロスも大きな課題となっている。２０１３年度の調査で学校給食の食品廃棄物発生量を調べたところ、[＊21] 児童１人当たり年間17・２kgの食品廃棄物が発生しており、そのうちの7・１kgは食べ残しであった。[＊22]

川上小学校卒業生のインタビューにおいては、「給食はとてもおいしかったので、残している姿は見ていない（ふゆみさん）」「基本残さずにみんな　時間かけてでも食べた（さいすけさん）」「残食はなかった（ようこさん）」「（残食は）たぶんないと思う（ごろうさん）」「なかったんじゃないかな残ってるイメージがない（むつえさん）」と、給食で食べ物がたくさん残されているような残食の記憶はない。

いちたさんは「（お茶碗の米粒）残っていなかった　きれいに食べていた」と言い、ごろうさんも「（お茶碗のご飯粒）たいがいきれいだったと思います、残さず」と、給食のご飯茶碗に米粒が残されていたかどうかまで記憶していた。お茶碗にご飯粒が残っていることは「気になる（さいすけさん、ようこさん、ごろうさん、むつえさん）」ことで、[＊23] もとの対話ではいちたさんは「残っていなかったな。きれいに食べとったで、〃目が潰れる〃って言って【A-29】」と話しており、〃目が潰れる〃と言って米粒1粒も絶対に残さない文化とも言えるものが、ちゃんとあったようだ。同様にむつえさんも「気になりますね〝もったいない〟言われたっていう【F-63】」と話しており、さいすけさんも「きれいに食べるのが普通だった【C-51】」と話していた。お茶碗に米粒を1つも残さないことが当たり前のことであり、〝目が潰れる〟〝もったいない〟など声を掛け合いながら、家庭だけでなく川上小学校の給食時間中もそれが当然のこととしてあった。子どもながらにお茶碗の米粒を「見て」おり、「記憶」していた。[*24]

ところで、日本の給食時間は慣例的に準備から後片付けまでをすべて含めて45分ほどであり、食べる時間は20分ほどである。給食時間の後が昼休みである場合もあれば、掃除である場合もある。川上小学校の場合は、給食時間の後が昼休みであった。

さいすけさんとごろうさんは、食べるのが遅い方だったと話していた。さいすけさんの話によると、「食べるのが遅い方だったが、急かされることもなく、ゆっくり完食するまで食べた。苦手なものも食べ終わるまで。」とのことで、自分のペースで最後まで食べるのを邪魔されなかったような印象である。また、「食べるのが遅い方だった。先生がついていてくれた。(先生は、食べさせたり指導するというよりは、ただ横にいて待っているような形。無理に食べさせようとすることはない。)(ごろうさん)」「食べるのが遅い子の横には先生がついていた(急かすのではない)。(さいすけさん)」と話すように、食べるのが他の子よりもゆっくりで残っている子たちの横に、先生[*25]がなんとなく付き添っていたようだ。偏食指導や完食指導を行うというよりは、ただ、遅くまで食べている人が1人きりで食べることにならないように、〝一緒にいる人〟である。それでも時間がかかり、ついに最後の1人になる子が出てくる。「食べ終わるとみんな遊びに行ってしまうので、(さいすけさんではないが)1人残って泣きながら食べている子もいた。(さいすけさん)」「最後まで先生とマンツーマン状態になって食べている子(ごろうさんではない)もいて、苦手なものを食べなければならない時には半泣きになっていたようだった。(ごろうさん)」と言うように、〝最後の1人〟には辛いものがあったようだ。ただ、〝最後の1人〟がなぜ泣いているのかについて、さいすけさんとごろうさんで若干印象が違う。さいすけさんは「みんな遊びに行ってしまうので」遊べない悔しさで泣いている印象だが、ごろうさんは「苦手なものを食べなければならない」から辛くて半泣きになっている印象だ。この2つの〝子どもが泣きたくなる理由〟は他の人からも聞かれた。

ようこさんは、「班長(高学年)は、低学年の子などで、食べるのが遅い子が班にいたら、ずっと付き合わなければいけないことになっていた。もう昼休みが終わってしまうというところまで付き合った記憶がある。(班長だったので)それが辛かった。」と話し、この辛さはとてもよく覚えているようだった。[*26] 食べるのが遅い子に付き添って、休み時間、遊べる時間がなくなってしまうのは子どもにとって非常に辛いことなのだ。この点についてはさいすけさんとようこさんだけでなく、ごろうさんも「遊ぶ時間がなくならないように早く食べようと思った。」と話しており、共通する子ども心がある。

むつえさんは、「苦手なものを食べるときはやっぱり、残せない辛さみたいなのはあった。そのような時はみんな食べていなくなって……最後まで残って食べた。〝お昼休みも終わるよ、早く食べ〃って。」と話していた。食べるのがただ遅いということでも時間がかかるが、苦手なものが出てしまうと、普段は時間内に食べ終えることができる子も、時間がかかってしまう。そうすると、時間がかかって休み時間が減って遊べなくなるという前者の辛い理由も加わる。しかし、川上小学校の子どもたちは、決して、食べることを直接先生に強要されることはなかった。ではなぜ、苦手なものも、時間がかかっても、残さず食べようと思ったのか。

むつえさんは、次のように話していた。

【Ｆ‐59、60】の一部

むつえさん：学校の給食は、さっきも言ったように、食べなきゃいけないって言ったらあれですけど……

和 井 田：はい。

むつえさん：もう残さず食べる。もう、作ってくれた人への感謝。

和 井 田：はい。

むつえさん：感謝っていうと……いま口にして思ったんですけど。割とそういう機会があったのかなと。給食の時に、やっぱりその、目に見えるところに作ってくれた人がいるから。普通その……給食センターとかで作られてるとこは配送されてるだけですけど、作ってくれてるおばちゃんも一緒に食べるわけじゃないですか。なんかすごい……その人への感謝を……感謝なんだなっていう、その当時思った……記憶はありますね。

和　井　田：へぇえ。

（中略）

和　井　田：作っている人と食べる……あの、あれですか？　野菜とかを作ってくれた人とかそういうのも入る……？

むつえさん：あ、いえ、まあ……その地域の人とね、その食材を提供してくれた方があったときは、〝みんなで感謝していただきましょう〟みたいなことを、まえもってね、その給食、「いただきます」を言う人が言ってたので。その気持ちもありつつ、その……日々調理してくれる人。

和　井　田：調理してくれる人。あ、これはその……調理してくれる人への感謝の気持ちとかはやっぱ食べるときに言ったりすることはあるんですか？　……それはないけれども？

むつえさん：でも、その……や、それは普通に、「いただきます」しかないんですよ。ないんですけれども……

和　井　田：へぇ。

むつえさん：なんていうか……作ってくれた人と一緒に食べるわけじゃないですか

和　井　田：はい。

むつえさん：作ってくれた人も、同じ、その席について食べるので……

和　井　田：それは感じた……感じたんですね……

むつえさん：なんか今思うと……それは思いますね。別にそれを誰かに強要されたわけじゃないんでしょうけど……それは思いますね。

和井田：そこ、それが残さず食べるっていうことにも、意識に……つながって？

むつえさん：そうですね。やっぱり残すってことは作ってくれた人への感謝がね。まあ、思って作っていただいているわけなので。

和井田：へえ。

むつえさん：残すことはやっぱり失礼のように思いますね。

和井田：へえ。

むつえさん：その気持ちがあったんでしょうね。すごく……嫌で残したりは……嫌いなものがね、やっぱり子どもの時はあるので。

和井田：へえ。

むつえさんの話にあるように、川上小学校の子どもたちが泣きながらでも向き合っていたのは、「残すことはやっぱり失礼のように思う」ところだったのではないだろうか。先生に言われて、嫌だけど食べる、とか、あなたの心身に必要だから食べなさいと言われて食べる、ということとはまったく違う。子どもたちが必死で向き合っていたのは、ここまでどれだけの人が関わり、食べ物が実るまでにどんな苦労があり、目の前の人がどんな思いで一生懸命に作ってくださったのか、それを知っている苦しみではないだろうか。食器にある自分が苦手な食べ物を、苦手だからという理由だけで残してしまうのは申し訳ない、失礼になる。いや、40年経って、それはそういうことだったと当事者に解釈されるものになっているということこそが大事なのだろう。では、そこに付き添う大人はどうか。その子どもたちの思いが理解できるのなら、やすやすと「全部食べなさい」などと言うことはできない。その子たちが向き合っているものは、大人も人として同じように辛いと思うことであり、泣きながら向き合うことだからだ。ふゆみさんの話でも次のように表現されている。

【B-62】の一部

和井田：(笑い)。たとえば給食の時間に叱られるっていうこととかは……
ふゆみさん：は、ない……ですね　食べ方がどうこうとかそういうこともなかったですし。
和井田：なかったんですね。
ふゆみさん：ただね、食の細い子どもさん……時間がかかったりとかありましたけど、食べるのに。
和井田：叱られる？
ふゆみさん：叱られるっていうか、叱られるわけではないですけど。どうしても遅くなってしまう子もねえ……。
和井田：ま、遅くなってるなあっていう感じで……？
ふゆみさん：そんなにガンガン言われて、こう、「食べなさい、食べなさい」じゃなく。

和 井 田：ではなく。
ふゆみさん：と、思うんですけど。私は早く食べてしまって（笑い）。
一　　同：（笑い）。

大人、先生たちが子どもの思いに寄り添い、横にただ居るだけの人だった、それが〝強要・無理強いしないけれど横に付き添う先生[*27]〟の印象につながったのではないだろうか。

⑸ 作り手のこと

給食調理員、作り手が誰であったかを聞くと、全員が当時の給食調理員の名前を答えた。実践の時期をまたいで当時給食に関わっていた5人の職員「安達さん」「福井さん」「Kさん」「Mさん」「Hさん」全員の名前が挙がった。それも、特に家族や職業において卒業後も何らかの関係があったと考えられる対象者だけでなく、個人的な関係は薄かったと考えられる（学校関係の仕事ではない等）人においても、具体的な名前が想起された。

川上小学校の子どもたちはなぜこんなにもよく作り手のことを覚えていたのだろうか。考えられる理由は、2つある。1つ目は、作っている様子が見えるなど、作り手が見える構造になっていたことである。2つ目は、作り手が縦割り班の一員となるなど、〝先生の並び〟として教育活動に関わっていたことである。

ごろうさんとむつえさんは次のように話した。

和井田：へえ……作ってる様子って見えるんですか？
ごろうさん：見えます、見えます。

【E-26】の一部

和井田：あー、見えるんですね。
ごろうさん：新しいところは特に、ガラス張りになって、棚があるんです。そこにご飯とか、お汁とか、おっきい鍋にドンって、こう……給食の準備するときには置いてあって。それをゴロゴロ……って、開けるドアがあって。反対側にも、その給食の調理室側にも、そういうドアがあって。

【F-14、15】の一部

むつえさん：たとえばあの、2時間目と3時間目の間の20分休みだったと思うんですけど……
和井田：はい。
むつえさん：その時に見たのかな。なんかその、すごく大きな……こう、ぐるぐる回して回転する式の鍋で。その、調理員、調理っていうおばちゃんが、その……福井さんとか。
和井田：はい。

むつえさん：福井さんって、話したことありますか？

和 井 田：福井さん、はい、あります。

むつえさん：福井さんとかＨさんとか、いたのはよく覚えているんですけど。作っておられたところも……なんかこう、中あれ、どういう造りやったかな？　見える……見えるんですよ。見えるっていうか……別に見に行こうとしたわけじゃないけど、見えるし、ああ、ああいう風に作っている、作ってくださっている……みたいなところで。

　このように、調理場で作っている様子が見えるようになっていた。ごろうさんが「新しいところは特に」と話していることや、むつえさんが「見える……見えるんですよ」と思い出しているところから、建て替え後は特に調理場が見える構造になっていた可能性がある。「ガラス張りになって、棚があるんで」と話している箇所は、調理室と食堂との間にパススルーが導入されたためと考えられる。[*28]パススルーは両側ともガラス戸になっていれば、ガラス窓があるのと同じようにお互いがよく見える。むつえさんは「20分休み」に見たのかもしれない、と言い添えつつ、本物の回転鍋を当時見ていたことを語った。[*29]ふゆみさんは、調理室の「勝手口みたいな、資材を搬入するようなところ【Ｂ-８】」の扉の隙間から中が少し見えることがあったり、戸が開いていて、横を通ったら搬入作業などを安達さんがされているのが「ちらっと見えたり【Ｂ-８】」したと話しており、そのようなことから安達さんを知っていたという。さいすけさんにも作り手を覚えているか聞くと、「そうですね、調理場、食堂の横に、奥にっていうか……横に調理場があったので【C-17】」と、作っている様子がすぐ近くに感じられたことを語った。

福井さんは用務員兼調理員をしていたので、給食以外でも子どもたちに馴染みがあったようだった。ふゆみさんは「給食室ばっかりじゃなくて外の作業もされてたので、顔もよく……見てた、んです。で、中に入って給食もされてるっていうのは（知っていた）【B-31】」とのことだった。また、むつえさんは次のようにも語っていた。

【F-31、32】

和井田：食堂の食事は先生も一緒にでしたか？

むつえさん：一緒でしたね。先生もところどころ入って、一緒でしたね。みんな先生一緒でした。

和井田：先生もみんなと同じようなペースで……

むつえさん：給食調理員さんも一緒でした。

和井田：調理員さんも一緒ですか。先ほど福井さんとHさんのお名前をお聞きしたんですけど、それは小学校の頃からもう……誰が作ってるっていうのはよくわかっているような感じなんですか？

むつえさん：なんか先生……先生……別になんていうかそういう……教えてもらうっていう関わりはそんなないですけど、もうでも、先生の並びですよね。給食調理員さん。

和 井 田：あ、先生の並び。

むつえさん：はい。なんか、赴任してこられたら、紹介……着任式みたいのがあって、体育館で。みんな挨拶されて、そのときに挨拶されてたと思うんですけど……学校事務の方も先生だし。でも給食調理員さんは、それこそ福井のおばちゃんとか、〇〇（Hさんの苗字）のおばちゃんとか、そういう呼び方で平気で呼んでましたね。

和 井 田：へえ　福井のおばちゃん、とか。

むつえさん：はい。

和 井 田：ふうん……！　先生も皆さんと同じペースで食べているような感じですか？

むつえさん：そうですね。

むつえさんは給食調理員が一緒に給食を食べていたことを明確に記憶していた。実際に教育計画においても給食調理員が縦割り班に配置されており[*30]、福井さんも子どもたちと一緒に給食を食べていたことを覚えていた【D1-33】。ただし、給食調理員が一緒に食事をしていたことを語ったのはむつえさんのみだった。これは縦割り班に教職員が1〜2名配置されていたことを考えると、給食調理員は2〜3名ほどであったため、子どもたち側としては給食調理員が配置されている班に当たる可能性が低かったからと考えられる。また、むつえさんは、給食調理員を「先生の並び」と表現したところに注目したい。〃並び〃という言葉は給食調理員が教員と同じ存在のレベルにいるイメージを表すものである。実際に安達さんも福井さんも給食室で調理を行ったり、用務員の仕事をするだけでなく、給食教育に関する教育活動を展開しており、子どもたちは給食時間中や調理場以外でも、学校農園の収穫や持ち寄り食材の搬入、家庭科と連携した実習などで、安達さんや福井さんを知る機会があったと考えられる。また、安達さんや福井さんたちは教職員会議に出て教員と同じ〝並び〟で子どもたちの教育計画を作成し、子どもたちの教育について思うことを述べてきた。そしてそのように教員と同じ並びでいることを示し、導いたのは教頭の渋谷先生であった。着任式のときの挨拶で、給食調理員も、学校事務の先生も、全員が並んでいた、同じところにいる仲間だった、子どもたちはそのような大人たちの関係や互いの見え方もよく見ていた。

10　給食教育――労働教育に関連した話

給食教育は給食時間中に行われるだけのものではなかった。給食教育の柱には労働教育があり、「労働教育とむすびつく給食教育」が給食教育の重要な方針の1つであった。そこには農園作業、自然野草の採取、仕事の当番、箸作り、のおよそ4つの教育活動が挙げられている。また、それ以外に給食の食材を地域から持ち寄るという持ち寄り給食活動、野菜の種を持ち帰り家で育てる栽培活動があった。表9－3に、これら労働教育と関連する教育活動について、対象者が話したことを簡略化してまとめた。

表9－2と同様に、本研究は半構造化インタビューの形式をとっているため、基本的な枠組みとして必ず尋ねること（給食の印象、メニューなど）があるが、それ以外に話す中で共通して引き出される内容があったため、必ずしも表中最左列の項目すべてを尋ねているわけではない。そのため、表中の「（聞いていない）」のところは、調査者側で尋ねていない箇所であり、同じ段において回答のある場合は、話の流れでたまたま答えがあったか、話の流れで調査者が特に尋ねた内容である。

（1）農園作業

子どもたちの農園作業そのものについては、日本各地の小学校で農作業体験などが取り入れられており、実は今日においてさほど珍しいものではない。しかし、ただ農業の体験をさせることだけがこの実践の目的ではなかった。[*31] 子どもたちは労働教育の一環として行われたこの学校農園をどのような体験として記憶しているのだろうか。

学校農園で作ったものについて尋ねたところ、全員が覚えていたのは5年生で行った米作り（田植え、稲刈り、稲木干し）だった。その次によく思い出したのはサツマイモであった。実際には、その年に計画した作物を育てなかった可能性もあるため、育てたものを覚えているかどうかということについて厳密にはわからない。

C　さいすけさん	D　ようこさん	E　ごろうさん	F　むつえさん
米　サツマイモ（言われてみれば植えていたような）	サツマイモ　米（モチ米・餅つき）トマト　夏野菜	サツマイモ　ジャガイモ　芋類　米（モチ米・餅つき）	芋類　サツマイモ　米（モチ米・餅つき）
しました　友だちとわいわい作業するのは楽しかった　稲木が大変だった	しました　一人一筋を担当した	しました　稲刈りは鎌でした　稲木やった	しました　稲木はPTAと一緒に立ててもらった
おいしかった	（食欲が）ちがいますね	（聞いていない）	（聞いていない）
（聞いていない）	（学校農園で育てた野菜について）「今日の献立の何とかは何年生が作った野菜です」を当番がいただきますの前に言う	「今日の給食は何々さん、トマトはどこどこからいただきました」を当番が言う	「今日のホウレン草は何々さんからいただいたものです。ありがとうございます。」「手を合わせてください。いただきます。」を当番が言う
（野草について聞いていない）ドクダミ採取があった	（聞いていない）	（聞いていない）	フキ・ワラビ・ゼンマイを採取しに行った　給食に出た　今でも採取する
（当番の仕事は）低学年はなかった	「いただきます」や食材の紹介	均等によそう、「いただきます」や食材の紹介	「いただきます」や食材の紹介
忘れたら箸を竹で作った	忘れたら箸を竹で作った	忘れたら箸を竹で作った	忘れたら箸を竹で作った
集落の全家庭を、「米を一合分けてください」と言って子ども達だけで集めて回った	何月は一人お米を何合、ジャガイモ何キロ、玉ねぎ何キロ、のように書いてあった　集めるのをお願いする、などの計画もあった	決められた日になると、タケノコを家から自分で担いで持って行った（1～2本、歩いて） ※給食とは別に、大根を自分の家で育てて、育てたものを体育館に展示する品評会のようなものがあった	家で作っている大根や白菜などの野菜を持って行く　おじいちゃんおばあちゃんがいるお家は持って行きやすい

表9-3　給食教育——労働教育に関連した話※

	A　いちたさん	B　ふゆみさん
学校農園で作ったもの	米	芋類　サツマイモ　ジャガイモ 米（モチなんかしたのかな……？）
米作り	しました　楽しかった　疲れたとかはない　稲木はやっていない（保護者がやってくれた）	田植えをして、稲刈りをして男の子が指切った
自分たちで作ったもの	違った　おいしかった	（聞いていない）
給食時の食材の紹介	（学校農園で育てた米について）５年生が作った、味わって食べましょうって言った覚えがある	（聞いていない）
自然野草の採取	当時は野草採取なかった（ふきは福井さんが採ってきてくれて給食に出たと思う）	山菜は採取していないが、ドクダミ採取はあった
給食当番	4.5.6年生が配膳した 低学年は待っている	（聞いていない）
箸を忘れたら	「箸、忘れたー」って言いに行った　割り箸を貸してくれた	「お箸を貸してください」って言いに行った
持ち寄り食材	米を３合ほど家から持って行った	学期ごとに、その家の「小学生何人×何キロ」の野菜やコメを（たとえば南瓜、ジャガイモ、一軒の家で３キロ、お米も一升など）高学年が一輪車を使って集めに行った

※表の内容として統一性をもたせるため、意味が変わらない範囲で文言を編集している。

「楽しかった　疲れたとかはない（いちたさん）」「友だちとわいわい作業するのは楽しかった（さいすけさん）」と振り返っており、田植えや稲刈りは楽しい時間だったようだ。ふゆみさんとむつえさんは、「成長は、見には行ったので、どのくらい大きくなったとか……そういうのはしたような記憶はあるんですけど。様子は見には行っていました。覚えていないですけど（笑い）【B-34】」「節目節目のところでは、多分、観察……観察日記なんかしてたのかな。たぶん田植えと稲刈りだけでは終わってないと思うんですけど、細かいところは覚えていない……【F-43】」と話しており、作物の成長の様子を見に行っていたことをうっすらと記憶していた。しかし「稲刈りは鎌で（ごろうさん）」していたようで、時には「男の子が指切った[*32]（ふゆみさん）」というハプニングもあった。

いちたさんの頃は「稲木はやっていない（保護者がやってくれた）（いちたさん）」が、さいすけさんの頃から稲木干しも行われるようになり、「稲木が大変だった（さいすけさん）」「稲木やった（ごろうさん）」「稲木はPTA（育友会）と一緒に立ててもらった（むつえさん）」と記憶している。稲木干しのように重労働が多い田植え稲刈りにはPTAなどの保護者らが協力してくれていた【A-26、B-51、C-26、F-43】。それだけでなく、田んぼの管理などには地域の大人が関わっていた【A-26、C-26、F-43】ことも語られた。それらは次の対話にある。

【A-26】

和井田：田植えから収穫までの間に色々手入れしたりしなければならないことがあると思うんですけれども、それは地域の方が？

いちたさん：そうそうそう。というか、それは、各……その、5年生の時の学級委員さん、お父さん。

和井田：お父さんが学級委員をやる……？

いちたさん：親の、親の学級委員さんがおんなって。

和井田：親の学級委員さん。

いちたさん：その人たちが見に行ってくれたと思う。

和井田：学級委員ということはPTAさんのような……育友会ですか？

いちたさん：そうそうそう、育友会。

和井田：育友会さんが見に行っていて。

いちたさん：行って、カメムシとってくんなったと思う。植えて、稲刈りまでしか覚えとらんで。稲木もやっとらんな。

和井田：へぇ。

【F-43、44】の一部

和井田：作っていたのはサツマイモだけですか？

むつえさん：なんかね、5年生になったら必ず田植えして。5年生は田植えを、稲を育てなきゃいけなくて。
和 井 田：育てなきゃいけない感じ……
むつえさん：あ、いや（笑い）。
和 井 田：あ、いえいえ（笑い。すみません、私の方で妙なところを繰り返してしまいましたという意味を込めて）。
むつえさん：何て言うのでしょう。そういう、〃機会〃を与えられる感じ。
和 井 田：伝統的に……
むつえさん：それができる、みたいな。
和 井 田：田植え稲刈りですか？
むつえさん：たぶんその間の、細かい水の量の調整とか……
和 井 田：えっ？（細かい水の調整？）
むつえさん：肥料とか……そういうのはたぶん誰かに頼んでるんでしょうね。
和 井 田：ああ、誰かに。
むつえさん：節目節目のところでは、多分観察日記なんかしてたのかな。ちょっと　まぁ、でも……ね、たぶん田植えと稲刈りだけでは終わってないと思うんですけど……細かいところは覚えていない……

和 井 田：脱穀とかですか？
むつえさん：したかもしれませんね。……手で刈って。
和 井 田：手で刈って。
むつえさん：稲木も。
和 井 田：いなき。
むつえさん：ＰＴＡのお父さんお母さんと一緒に、立ててもらって。
和 井 田：その収穫したお米はどうするんですか？
むつえさん：なんかね……でも、なんか、モチ米だったんかな？　って言ってて。（ご友人と給食のことを話した時）それもね、定かじゃないんですけど。
和 井 田：はい。
むつえさん：でなんか、餅をついたりとかしてたような気もして。

いちたさんもむつえさんも、話す中で、稲作に必要な手入れや管理を思い起こし、地域の大人や保護者らが見守ってくれていたであろうことを振り返っていた。稲木干しの他にも、虫取り、草刈り、水の量の調整や肥料など、様子を見に行ってくれていた人がいたことを細かく想像している。いちたさんやむつえさんの他に、実家でお米を育てているさいすけさんも、次のように話している。

【C‐26、27】の一部

和井田：結構、（小学生がやる分の作業にしても）田植え稲刈りって重労働かなって思うんですけど……

さいすけさん：ちっちゃい、ちっちゃい田んぼなんで（そこまで重労働でもなく）。

和井田：〝辛い〟っていう記憶ではないのですか？

さいすけさん：ではない。みんな楽しく。

和井田：お家の方の田んぼというか、そちらを手伝われることはあったんですか？

さいすけさん：手伝うことあったんですけど、それは苦痛でした（笑い）。

和井田：あっ、そうなんですか（笑い）。

さいすけさん：家の仕事するのは苦痛で（笑い）。

和井田：やっぱり……？

さいすけさん：やっぱりみんな、友達っていうか、わいわいと作業するのは楽しかった。

和井田：楽しかった。そうですかあ。田植えと稲刈りがあって……その間も結構、田んぼって手入れが必要かなって思うんですけど、そういったのはどうしていたのですか？

さいすけさん：そういったのはたぶん、田んぼの地主さんに管理してもらっていたと思うんです。

和井田：地域の方ですか？

さいすけさん：そうそう。地主さんなり……まあ保護者？　保護者なり。多分管理してたと思うんですよ。

さいすけさんの学校農園（さいすけさんは「実習田」と表現）の思い出には、友達がいた。「わいわいと」作業をしていた。もともと土と親しんできた子どもたちばかりで、大人たちも注意することはほとんどなかったのかもしれない。けれど、子どもたちが楽しい時間をそこで過ごすことを第一にしていたのではないだろうか。農業は易しくない。自然は厳しい。真剣に取り組まなければ負けてしまう。しかし教育の目的は〝このような子に育ってほしい[*33]、そのような子に育てる〟ことであって〝自然とうまく付き合いながら作物を実らせる方法を習得する[*34]〟ことでも、〝子どもだけで栽培を成功させる集団[*35]〟でもなかった。地域の大人や保護者らが、子どもたちの教育活動に参加し、子どもたちと稲の成長を見守っていた様子がうかがえる。当時の子どもたちは今、大人たちの陰の努力の存在を十分に理解していると言える。

子どもたちの体験は田植えと稲刈りだけだった場合がほとんどのようだが、ようこさんの時には「一人一筋を担当（ようこさん）」して、草引きなどにも責任をもって取り組んでいたという。しかし「さぼっているのが誰かがわかる（笑い）【D1-29】」この方法は、一時的な取り組みで終わったようだ。もしかしたらこの方法は子どもたちへの負担が大きく、川上小学校の教育方針に合わない考えや関係性を子どもたちの間に生み出す危険を孕んでいたのかもしれない。それはたとえば、できること・できないことの違いを皆で助け合って皆で乗り越えていくという考えとは違っている面をもつ。

特にお米とサツマイモは、給食で食べられていた。食べる前には、「5年生が作った（お米なので）、味わって食べましょうって言った覚えがある（いちたさん）」など、その日の食材がどうやって作られたものか声をかけあって食べていた。同様に学校農園で育てた野菜についても、『今日の献立の何とかは何年生が作った野菜です』を当番がいただきますの前に言う（ようこさん）」ことになっていたようだ。自分たちで育てたお米は「違った　おいしかった（いちたさん）」「おいしかった（さいすけさん）」「（食欲が）違いますね（ようこさん）」と、特別な味わいだった。ただし、ごろうさんとむつえさんの時には「量が（米の収量）そんなにたくさんじゃない【E-42】」ため、収穫した米（モチ米）は餅つきをして学年で食べた（給食に出されて皆で食べたのではない）とのことだった。米の種類、収量、それをどう教育活動として子どもたちで食べるのか、その方法は毎年変わっていたようだ。サツマイモは大量に収穫され、焼き芋大会が行われたほか、給食のメニューにもよく使われていた。[*36]

(2) 自然野草の採取

給食教育の取り組みに、自然野草の採取というものがある。これについて、インタビューで「山菜採りはありましたか?」と聞くと次の2つの取り組みが語られた。1つは学級や学年みんなで山などへ行き、フキやワラビなどの山菜を採取し、それを持ち帰り、給食調理員に託す活動である。給食調理員はその日のうちに山菜を処理し塩漬けにし、後日給食で「フキごはん」などにして子どもたちに食べてもらう。もう1つは夏休み中にドクダミ集めを行う活動である。ただしこれは、川上小学校独自の取り組みではなく、久美浜町の規模で企画されたもののようだ。ドクダミは体育館に集めて乾燥させ、販売し教育費にする。

給食教育として実施されていたのは前者のフキ・ワラビ採りであった。山菜を採取するのは、実践期初期には行われていなかった。いちたさん、ふゆみさんは山菜の採取はなかったと言う。ただし、いちたさんは次のように給食で食べたフキのことを覚えていた。

【A-30】の一部

和井田：その……ゼンマイみたいな、山で採れる、そういったものが給食に出た記憶はありますか？

いちたさん：あります、あります。ワラビと、フキ煮……フキは覚えとるけどワラビは覚えとらんな。フキは出たと思う。摘んできたやつを福井さんら（安達さんと福井さん）が漬けてくれて。

日頃、道端で目にする野草が調理されて給食に出される。それはやがて子どもたちによる野草採取となって労働教育の一部に位置付けられる。むつえさんは今でも家族で野草採取を楽しんでいると言い、当時の様子を次のように振り返っていた。

【F-26】の一部

むつえさん：ちょうど田植えの時期とかと重なるんで、なんかふらっと歩いてて、あったらこう、採っ

ちゃいますね。食べる習慣があるからですかね。食べなかったら……（採らない）

和井田：ああ、なるほど。食べるから。

むつえさん：それが食べられるって、わかる。まあそのことによって、どれがワラビで、どれがフキで、とか、ゼンマイも……ゼンマイも似たやつとかあるんですけど食べられないのもあるんで。

和井田：えっ、そうなんですか？

むつえさん：そうなんですよ。なんかちょっと似たような感じなんですけど……種類が違って食べられないのもあるので。そういうのがわかるようになると、わかるようになるから、『それがそうだよ』ってその時に教わって。

和井田：そうなんですね。それで間違える子っていないんですか？

むつえさん：いたかもしれません。だけど『これは食べられない』って言って（子ども同士でも教え合って）。『こっちがゼンマイだから』って言って。なんかゼンマイって赤い、赤っぽいっていうか赤黒いような感じなんです。緑のシダ植物の仲間みたいなのがあって、似てるんですよ。形状は。だけど色が違うんですよ。

和井田：え、ぜんまいは赤なんですか？

むつえさん：赤っぽい。軸のところが。

和井田：似てるのは緑。

むつえさん：緑のもあったかな？　育つ環境で色違うのかな？

和井田：ちょっと来年の春に……来ようかな（笑い）。

むつえさん：（笑い）それも、ね。いつまでやってたのか（小学校における実践として）……でも12年まだありますもんね（閉校記念誌「140年のあゆみ」の65頁の、「2000（平成12）年ふき・わらび・ぜんまい採り」の写真を見ながら）

和井田：やってますもんね。

むつえさん：やってますね。

「食べる習慣がある」とのことだ。むつえさんは給食で出してもらった「フキごはん」がとてもおいしかったと言い、給食で味わったフキが今も暮らしの中にある。

（3）給食当番

給食当番に関して教育計画をみると、1年生も当番に当たるよう意識された時期もあれば、3年生以上が当番に当たると定めている時期もある。当番は班ごと、チームの色ごとに、そして週ごとにまわってくる【E-11、52】。「4、5、6年生が配膳した　低学年は待っている（いちたさん）」「（当番の仕事は）低学年はなかった（さいすけさん）」とあるように、縦割り班の中でも特に高学年が当番の仕事を率いていた。また、次の対話にあるように、先生も準備に加わっていた。

【E-30】

和井田：その給食中は先生も一緒に食べるんですか？

ごろうさん：先生も一緒に準備して、食べます。

和井田：一緒に準備もして？

ごろうさん：はい。

和井田：給食時間中なんか、先生が指導されたりとか、そういうことはあるんですか？

ごろうさん：指導ですか？

和井田：たとえばあの、残している子に『残すな』。

ごろうさん：ああー、あります、あります。先生も嫌いなものがあったりして、『先生も食べてよ』って（笑い）。

和井田：言うんですか!?（笑い）

ごろうさん：はい（笑い）。

和井田：じゃあなんかこう……給食中は、いつもの〝先生〟〝生徒〟っていう感じよりは、ちょっとこう……（違う雰囲気？）

ごろうさん：そうですね。

和井田：あの、一緒に食べている、感じ……？

ごろうさん：そうですね。

和井田：一緒に、食べている。っていう……
ごろうさん：一緒に食べています。
和井田：へえ。
ごろうさん：でなんか、好きなものがあったら、たくさん、こう。
和井田：入れて？
ごろうさん：入れたりとか。
和井田：へえ、先生が好きなものをですか？
ごろうさん：はい。
和井田：へえ！
ごろうさん：先生とかにも入れてもらったりして。先生も手伝ってくれるので。
和井田：先生も手伝って……へええ。先生も手伝って、先生も一緒に食べて……
ごろうさん：食べていますね。みんなほとんど……たぶん小学校のときは、ひとり……校長先生か教頭先生くらい、留守番していて。あと皆たぶん食べていたと思います。ランチルームで。

現在の給食指導と同じであると思うが、先生も一緒に準備に加わる。ただし、話の印象として、現在の給食指導にあるような児童と先生の上下関係が感じられない。ごろうさんは「先生も一緒に準備して、食べます」と表現している。つまりそれは、「先生も嫌いなものがあったりして、『先生も食べてよ』って（笑い）。」と言い合う関係である。「一緒に食べています。」の横並びの関係であり、「（先生の）好きなものがあったら、たくさん、こう。」多めによそってあげたり、「先生とかにも入れてもらったりして。先生も手伝ってくれるので。」とのことだ。和井田は、現在の給食指導の場面が頭にあるため、その様子と合わない言葉について、「言うんですか!?（笑い）」と驚き、「あの、一緒に食べている、感じ……?」のように、「一緒に」「手伝って」を繰り返し聞き返している。つまり、現在の給食指導場面とは、先生と児童の〝関係〟が違うのである。先生が「このようにする」などと見本を見せて子どもたちがそれに習って行うという関係とは違っている。先生が子どもたちと横並びの関係でその一人として一緒に給食の支度をし、給食を食べていた様子がうかがえる。また、お互いの好きな食べ物は何か、苦手な食べ物は何か、そういったこともいつも一緒に食事をする中でわかるのだろう。それは大人、子ども、学年、そういった違いは関係のない関係、家族のような関係である。

（4）箸作り

給食で使う箸は、自分たちで作ったものを使う。それだけでなく、川上小学校においては箸を忘れた人は時間までに自分で竹をナイフで削って箸を用意しなければならない。この〝忘れたら箸作る〟[*37]実践は、福井さんが教職員会議で提示した教育課題が重要なきっかけになったものである。いちたさんやふゆみさんの頃には「『箸、忘れたー』って言いに行った　割り箸を貸してくれた（いちたさん）」「『お箸を貸してください』って言いに行った（ふゆみさん）」とあるように、〃忘れたら箸作る〃実践はまだ始まっておらず、地域の高齢者と共に箸を作る実践にとどまっていたと考えられる。一方で、さいすけさん、ようこさん、ごろうさん、むつえさんは、〃忘れたら箸作る〃実践が強烈な記憶として残っていた。

【C-20】の一部

和井田：作っていましたか？
さいすけさん：そうですね、箸を忘れたらっていうか。
和井田：忘れたら。
さいすけさん：その、竹が。割った竹が準備してあって。
和井田：はい。
さいすけさん：その竹の横にカッターナイフなり小刀が置いてあったんで、そこで急いで。
和井田：急いで……！
さいすけさん：箸を作って。
和井田：忘れちゃうことありましたか？
さいすけさん：あります、しょっちゅうしょっちゅう（笑い）。

（中略）

和井田：それ、でも、給食時間が始まるまでに間に合うんですか⁉
さいすけさん：間に合わせるしか……
和井田：間に合わせるしか（笑い）。
さいすけさん：間に合わせるしかないんで（笑い）。
和井田：そうですか……！（笑い）それについてどうお感じでしたか？
さいすけさん：忘れた自分がわるいんで。
和井田：忘れた自分がわるい。
さいすけさん：わるいんで、頑張って間に合うように箸を削るしかない。

【D1-45】の一部

ようこさん：なんか忘れたら、自分からこう、箸を削ってから食べんなんとあかんっていうのが……！もうすごく、それは結構言われた（笑い。川上小学校出身のご友人とお話されていて）！
和井田：覚えていますか？　ようこさんも？
ようこさん：覚えています、覚えています！　もうだから、忘れましたって給食室に取りに行って、竹を。で、それから削って、食べんなんですよ（笑い）。
Oさん：ええー！　そこから！
和井田：あははは（笑い）

ようこさん：もうだから、そーです！　だから、とにかくその削る時間がもったいなくて（笑い）。

（中略）

ようこさん：もう先っぽだって、もう、削れとったらええわ～、みたいな（笑い）。

一　　同：（笑い）。

ようこさん：あとはカクカクの竹で（笑い）忘れたっていうのが有り有りとわかるので（笑い）。

【E－53】の一部

ごろうさん：箸が、自分で作った箸で。

和 井 田：はい。

ごろうさん：箸忘れると、

和 井 田：はい（笑い）。

ごろうさん：給食で箸忘れると……竹。

和 井 田：（笑い）。

ごろうさん：（竹）を、もうほんとに、竹をこう、割っただけの。四角いのを渡されて。職員室に行くんですよ、職員室に行ったら、竹２本と（笑い）

和 井 田：あはは（笑い）。

ごろうさん：切り出しナイフ。今考えるとめっちゃ危ないと思うんですけど。今だったら絶対させないと思うんですけど……！

（中略）

ごろうさん：なんか、だんだんその、上手に箸が……やっぱり削れるようになってくるんで（笑い）。

（中略）

ごろうさん：ガラスとか、茶碗とかが割れた……陶器の茶碗が割れたもので、こう（笑い。磨くような仕草をされる）。

和井田：（笑い）きれいな箸に？

ごろうさん：けばけばとって。

（中略）

ごろうさん：食べるのもなんか、作ったやつだったのかな？　ちょっと覚えてないですけど、でも忘れた時に、その、ナイフと箸を渡されたっていう記憶は残っています。

和井田：すごい強烈ですね（笑い）。

ごろうさん：強烈ですね（笑い）。

【F－24】の一部

むつえさん：竹、竹の箸なんですよ！　それで食べるってことになっていて。

和井田：みんな竹の箸を？

むつえさん：みんなです。児童はみんな。先生もだったかな？
和井田：そしたら……それは……
むつえさん：作った、作ったやつをもう……箸箱には竹の箸が入っているんですよ。
和井田：じゃあ、低学年のうちに作るってことですか？
むつえさん：みんな。
和井田：みんな1回は作って……？
むつえさん：一番最初は手伝って作ってもらっていたのかもしれないです。だけど家に持ち帰るから、忘れてくるんですよ……そしたら……
和井田：ふふっ（笑い）
むつえさん：忘れた時用の竹を、こう1センチ角くらいに切った、その木がね!?　段ボールのところにボンって用意してあって。
和井田：ふふふ（笑い）。
むつえさん：忘れた人は削って作れということなんですよ！（笑い）　これは思い出しましたねえ！

〝忘れたら箸作る〟実践は子どもであった当時には大変なこと、でもやるのが当たり前のこと、そして給食時間に間に合わせるために一生懸命やること（時に、配膳当番だったらそのことも勘定に入れて間に合わせること）として受け止められていた。ごろうさんのように楽しみながら箸の完成度を高めていく子もいた。そういった出来事を大人になった今、相当な驚きをもって、そして笑い話として思い出していた。自分たちは、小学生の、あの小さい頃から箸を作っていたんだ……それも忘れる度に。今ではとても考えられないけれど、本当に自分たちがやってのけていたんだ。という、強烈な記憶である。

(5) 持ち寄り食材

給食教育においては、食材の持ち寄りが行われていた。ただし持ち寄りの方法に関する記憶は、卒業生によって様々である。「米を3合ほど家から持って行った（いちたさん）」「決められた日になると、タケノコを家から自分で担いで持って行った（1～2本、歩いて）（ごろうさん）」「家で作っている大根や白菜などの野菜を持って行く（むつえさん）」のように、子どもたちが家から食材をそのまま運び出す場合もあれば、「学期ごとに、そのお家の『小学生何人×何キロ』の野菜やコメを（たとえば南瓜、ジャガイモ、一軒のお家で3キロ、お米も1升など）高学年が一輪車を使って集めに行った（ふゆみさん）」「何月は1人お米を何合、ジャガイモ何キロ、玉ねぎ何キロ、（のように書いてあった）集めるのをお願いする、などの計画もあった（ようこさん）」のように計画的に集めて持って行った記憶もあった。それだけでなく、「集落の全家庭を、『米を1合分けてください』と言って子どもたちだけで集めて回った（さいすけさん）」こともあったようだ。〝給食において地域の食材を使う〟という方向を変えず、子どもたちや保護者の方々の状況の変化に応じて、実践の方法を試行錯誤したことがうかがえる。いずれにしても、子どもたちが地域の大人たちや保護者、祖父母と関わり合い協力し合いながら食材を用意していたことがわかる。

集めてきた食材を給食で使う際には、自分たちで育てた学校菜園の米や野菜の時のように、『今日の給食は何々さん、トマトはどこどこからいただきました』（さいすけさん）」や「『今日のホウレン草は何々さんからいただいたものです。ありがとうございます。』『手を合わせてください。いただきます。』（むつぇさん）」といったことを当番が言うことになっていた。

11　川上給食教育における子どもたちと大人たちとの関係

日本の学校給食においては一般的に、先生は給食指導（及び食に関する指導）を行う立場にあり、児童は給食指導を受ける立場にあると考えられている。しかし、卒業生たちが語る、川上給食教育における給食の時間・給食教育に関する活動は、先生と児童にとってそのような〝指導する―指導を受ける〟時間であったとは説明しにくい。では、先生と児童、大人たちと子どもたちは、川上給食教育においてどのような関係にあったのだろうか。

（1）横並びの関係になる給食時間

先生と児童は給食時間中どのような関係であったと言えるのか、インタビューをもとに考えたい。前述のごろうさんのインタビューにもみられるように、先生は、「一緒に」食べる人であり、準備を「手伝って」くれる人である。[*38]「先生も嫌いなものがあったりして、『先生も食べてよ』って」対等に言う関係だった。先生の「好きなものがあったら、たくさん」入れてあげて、「先生とかにも入れてもらったりして」いた。さいすけさんもこのように話している。

【C-19】

和井田：担任の先生方と一緒に食べていましたか？

さいすけさん：はい、一緒に。

和井田：それはもう、いろんな班に？（先生がいろんな班にいたかどうかという意味）

さいすけさん：そうですね。

和井田：先生は一緒だったんですね……そのとき先生はどんな感じで……いわゆる給食指導みたいなことをしながら食べているんですか？

さいすけさん：いや……

和井田：『箸の持ち方こうだぞ』とか、『そんな喋っていると食べ終わんないぞ』みたいな感じの……？

さいすけさん：それ（食べ終わんないぞ、と言うこと）はあったかもわかんないけど……箸の持ち方はちょっと……（笑い）。記憶にないですね（笑い）。

和井田：（笑い）。何も気にせず食べているような先生もいらっしゃったような感じですか？
さいすけさん：あまり先生を見ていた記憶がないけど、んー。
和井田：そんなに、先生もふつうにまあ……？
さいすけさん：そうですね。
和井田：食べている。
さいすけさん：ふつうに、ふつうに。

先生はそこにいるただの一人であり、年長者として「それ（食べ終わんないぞ、と言うこと）はあったかも」しれないが、特に注意を払って「先生を見ていた記憶」はなく、先生も「ふつうに」食べている。

【B-30】の一部

ふゆみさん：1年から6年までを　そのまま……なんか、ふつうにまあ、食べてみんなで。食べてた、くらいしかそんな、誰がいたとは、覚えていないです（笑い）。
和井田：（笑い）ありがとうございます。先生はいらっしゃいましたか？　その時に……
ふゆみさん：その班には　入って……ひとり、ひとつずつの先生が入ってたかな……どうなんだろう……ぽつぽつぽつってておられたかもしれないですけど全部の班には……誰とかもちょっと私のほうでは……

和井田：ありがとうございます。

ふゆみさん：でも、みんなで一緒にはごはんを食べてたと思うので。

【D1-32】の一部

ようこさん：で、先生もあいてるところに入って、食べとったから……

和井田：あ、先生もあいてるところに入って？

ようこさん：一緒に、そうそう、一緒に、食べました。

ふゆみさんもようこさんも、先生と「一緒に」ごはんを食べていたと表現しており、先生も「みんな」の中にいる。むつえさんは、箸作りにおいても先生と児童が同じところにいたことを思い出している。

【F-24】の一部

むつえさん：竹、竹の箸なんですよ！　それで食べるってことになっていて。

和井田：みんな竹の箸を。

むつえさん：みんなです。児童はみんな。先生もだったかな。

先生も忘れたら箸を作っていたようだ。先生も児童も、食べる人として同じ扱いだった。先生と児童は、一緒に食事を用意する人、食事を共にする人という関係である。子どもたちと先生は、「指導する――指導される」の関係と呼ぶよりは、「横並び」と表現できる位置の関係になって給食時間を過ごしていたような様子がうかがえた。

(2) 感謝・尊敬の気持ちが生まれる

卒業生が給食のこと、小学校のことを思い出す時、そこに居てくれた大人たちの姿が温かい感謝の念とともに語られていた。ふゆみさんは、当時の先生、保護者ら大人たちがいかに自分たちのために頑張っていてくれたかを次のように振り返っている。そしてその場面をよく覚えている。

【B-51】

和井田：その、当時学校に地域の方やおじいちゃんおばあちゃんが来るっていうことはありましたか？

ふゆみさん：結構あの、育友会が協力的だったと思うんです。

和井田：協力的？

ふゆみさん：〝行事をする〟って言ったら結構来てくれたりとか、そういう野菜を作ってとか……色々……田んぼを作ったりするのもあったと思うんです。

【B-57、58】

和　井　田：小学校当時に、学校を取り巻く地域とか家庭のことで何か印象的な出来事っていうのはありましたか？

ふゆみさん：……印象的なこと……んー……なんだったかなあー……地域……なんか……ちょっと出てこないんですけど（笑い）。

一　　　同：（笑い）。

ふゆみさん：なんかすごい……でも、親は協力的だったような気がするんですけど……

和　井　田：ふうん……

ふゆみさん：……気のせいですかね？

（しばらく間）

Oさん・福井さん：……ん？　なにが？

ふゆみさん：親が、協力的だったような気がするんですよね。

和　井　田：それは……どこかと比べて……というか時代として比べて……？　ですか？　地域として比べて……？

ふゆみさん：あ、地域として……川上しか知らないので、まあ、あれなんですけど、まあでも、むかし……そういう米飯給食だったりとか、そういう食の在り方でも、いま、いま考えたらですけど、保護者が、地域とかが協力的だったのかなあっていうのは、あります。

和 井 田：ふうん……！
福井さん：あの、理科室と、理科準備室をつぶして。囲いを取って。
ふゆみさん：はい。
福井さん：ランチルームにしたというのはね。
ふゆみさん：そうなんですよね！
福井さん：やっぱり貢献しとるわよね。
ふゆみさん：そうなんですよね。
福井さん：〝ならそうしよっか〟言うて。保育園もなくなったことだし。そういうことはあったねえ。
和 井 田：ふうん……！
ふゆみさん：で、ねえ？　プラネタリウムのところ（笑い）これが、あれがそのまんま、理科室の、ドーム型の！
福井さん：そうそう！

【B‐60、61】
和 井 田：じゃあその、教育というか、教育活動に対する理解が、親や地域の方……
ふゆみさん：あったと思う。
和 井 田：得られていたっていう……？　どうしてそうだったんでしょうか？

福井さん：ねえ。
ふゆみさん：田舎だった？（笑い）
Oさん：教職員とか先生たちの姿勢にもあるんちゃう？
福井さん・ふゆみさん：うん、そうそうそう。
Oさん：でないとそんな、ようしてもらうことは。親も協力しようっていうのはあるのかな？
ふゆみさん：すごい熱心でしたもんねえ。熱心な、先生が。
和井田：どのあたりで熱心だなって感じられるんですか？
ふゆみさん：どう……でしょうか……いま、しか、私も……そう（笑い）わからへんのですけど（笑い）
Oさん・福井さん：（笑い）。
ふゆみさん：なんか、何するのも、なんか……
福井さん：積極的。
ふゆみさん：すごい積極的。そうですよねえ。
福井さん：協力的にね。……ようわかったねえ。

ふゆみさんは子どもの頃から、大人たちが熱心に積極的に取り組んでいる様子をよく見て、感じていたようだ。その大人たちの姿に何があったのかを振り返って語ると、当時の大人たちへの高い評価の言葉となったようだ。

　また、最後に福井さんがふゆみさんに「ようわかったねえ」と言う。この言葉は『子どもながらに、よく見ていたのね』と感心している意味に捉えられた。ふゆみさんが、給食で出ていた中華そばや八宝菜の出汁がとてもおいしくて、大人になってから福井さんに作り方を尋ねたエピソードがある。そのときにも福井さんは「ようわかったねえ」と言っていたそうだ。ふゆみさんのインタビューは途中【B-55】以降から福井さんが同席するが、そこから当時の大人たちがいかに頑張ってくれていたか【B-57、58、60、61、80】、当時の給食がいかに感動的だったか【B-70、71、75、82】、その感動と感謝の気持ちをたくさん話している。福井さんが目の前に来たことで、福井さんを慕い感謝する気持ちが話に溢れている印象だった。

　いちたさんは、当時の福井さんと同じ職種の用務員をしており、用務員兼給食調理員もしていたことがある。そのいちたさんの話で印象深かったのは、福井さんへの敬意である。

【A-4】

いちたさん：僕らが、その、〃米飯給食〃？

和井田：はい。

いちたさん：始まるまでは、福井さんはずっと運んどってくんなった。

和井田：あ、運ん……

いちたさん：給食を。

和井田：給食を。
いちたさん：うん。
和井田：その、給食室から……
いちたさん：から、そうそうそう。各教室に。
和井田：それぞれの教室に。あぁー、そうだったんですね。
いちたさん：うん。だで、福井さんほんまにえらいめしとんなると思うで。
和井田：そうですかぁ。
いちたさん：福井さんのほうがよう知っとんなると思うでぇ。
和井田：いやぁ、ありがとうございます。
いちたさん：そうなんだ、福井さんに出会いなんだ。
和井田：はい、そうなんです。
いちたさん：よかった、よかった。

【A-18】
和井田：それぞれの机の分ということで。
いちたさん：それも全部福井さんが作ってくんなった。
和井田：そうですかあ。そしたら足りないとか多すぎるとかそういう班があったりするんですか？

いちたさん：やっぱりあったと思うで？　……でもそんななかったと思うけどな。
和井田：そうなんですねえ。福井さんがそれをされてたんですね。
いちたさん：だいたいで。いい感じにやっとんなったと思う。
和井田：だいたいで……

【A-105】

いちたさん：いま洗浄機だけど（給食の食器を洗う際）、福井さんは手で洗っとったんちゃうかな。
和井田：あ、これ……どうしてたか、今度聞いてみます。
いちたさん：うん。手だったと思うわ……
和井田：２００食分とかを……
いちたさん：ザーッとシンクに水はって、洗ったと思うわ。今でこそね、洗浄機がビャーっと流してくれて、洗ってくれてねえ？
和井田：そうですよね、いま、便利ですよね。
いちたさん：で、これ（当時のアルマイト食器）楽だったんだ。落としたって割れへんし。かがんだってガチャンってならんし。すごく楽だった。
和井田：（笑い）そうですね！　そういうことなんですね……！（前の会話から続く、アルマイト食器の方が親しみがあるいくつもの理由がわかり、よく納得できた）ありがとうございます。

いちたさん：いえいえ。

いちたさんは用務員の仕事経験から、給食を当たり前に食べていたその背景にあった福井さんの見えない努力を振り返っている。尊敬の念や感謝の気持ちがなければできないことである。そして、筆者が福井さんに会ったことを伝えたときに「よかったよかった」と応じている。そこには、川上小学校の給食の価値への理解、福井さんへの敬意、そして給食研究を行う筆者への配慮がある。

子どもたちは川上給食教育を通じて、感謝することや尊敬することなどを〝教え込まれた〟わけではない。大人たちは、子どもたちが自分たちのことを感謝できるように、尊敬できるように、それを目的として教育を行っていたわけではないだろう。それでも、子どもたちは自らの感覚で大人たちの素晴らしさを発見し、感謝の気持ちや尊敬の気持ちを育んでいった。素晴らしさの発見や感謝の気持ち、尊敬の気持ち、それは「豊かな人間性」と呼ばれるものではないだろうか。それを給食インタビューを通じて研究者へ伝えられることは「人格の完成」と呼べる向きにある、1つの人間像ではないだろうか。

(3) 先生は〝おもしろい〟

卒業生は、給食調理員の名前だけでなく、当時の先生の名前や人柄もよく覚えていた。ごろうさんは次のように話している。

【E-56】
和井田：楽しそうですねえ！
ごろうさん：はい。そういうなんか、もの作ったりとか、結構、持って行ったりとか、そういうのがたくさんあったですね。
和井田：そうなんですねえ。授業はどうでしたか？　楽しかったとか、印象深かったっていう授業は。
ごろうさん：授業は、先生がおもしろかった！　おもしろい先生ばっかりだったので。
和井田：おもしろい先生！

ごろうさんは小学校が楽しく、授業も楽しかったようで、「おもしろい先生ばっかりだった」と表現している。いちたさんのお話にも〝おもしろい〟先生がいた。

【A-37】
和井田：印象的な科目とか、先生とか、いらっしゃいますか？
いちたさん：(笑い) いっぱいおるな (笑い)。
和井田：いっぱい (笑い) たとえば……？
いちたさん：もう亡くなったけど、4年生の担任の先生な。I先生 (実際の会話では本名で。ここではイニシャルとする) っていう担任の先生なんだけど。いま見て思い出しとったけど (閉校記念誌を見ながら）、池があったんや。川上小学校に、池が。

和井田：はい。

いちたさん：川上小学校に池が、はい。

和井田：そこにいっぱい鯉がおって。4年生から生活係っていうのがあって、文化系のクラブに属さんならんで。そこに入って、で4年生のⅠ先生ていうのが担当だったんだけど、『絶対に油もん、給食の残り、やるな』ってなったんだな。油っ気があって、鯉が死んでしまう。

いちたさん：はい。

和井田：でも次の日行ったらな……死んどるんや、鯉が。

いちたさん：ええ！　早速？

和井田：Ⅰ先生がやって（笑い）。

いちたさん：ええ！　Ⅰ先生!?（笑い）

和井田：Ⅰ先生だったたっていう。

いちたさん：先生何を入れたんですか？

和井田：なんかなー。それこそ、肉じゃが？（笑い）

いちたさん：（笑い）。

和井田：肉じゃがやったらしい、て（笑い）。

いちたさん：（笑い）……えっ、先生、肉じゃがに油はいってるって知らなかった？

和井田：いや、疲れとったんかなあ（笑い）。

和井田：疲れて（笑い）。
いちたさん：『おい、鯉が浮いとるぞー！』って（笑い）。
和井田：（笑い）そんなー！　つはっはっはっは（笑い）。
いちたさん：そういう出来事もあった。

印象的な先生のことを尋ねると、「（笑い）いっぱいおるな（笑い）」と応えている。いちたさんや子どもたちにとって、I先生のような素直な先生は〝おもしろい〟先生だったのではないだろうか。私が「えっ、先生、肉じゃがに油はいってるって知らなかった？」と言うと、いちたさんは「いや、疲れとったんかな（笑い）」と表現している。これは、この滑稽とも言えるエピソードがなぜ語られたのかを意味する重要なところである。子どもたちは、先生だって失敗する、そういうこともあるんだよね、それを面白おかしく笑いながら大らかに受け止めているようだ。

先生の失敗は大事なのかもしれない。ごまかしたりせずに、生身の人間として子どもたちの前に立ち、堂々と反省する。子どもたちはそこから多くを学ぶ。（先生でも失敗するんだ。自分たちも失敗、そりゃするだろう。失敗してもごまかしたりせずちゃんと反省したい。自分たちが先生を温かく受け止められるのだから、自分も受け止めてもらえるだろう。など）子どもたち全員が同じような学びを得ているかはわからない。だが少なくとも、いちたさんの感覚はここに近いのではないかと感じた。

（4）〝おじいちゃんおばあちゃん〟は貴重な存在

ふゆみさんは育友会（ＰＴＡ）が協力的だったことを話していた。いちたさんも当時の様子を「地域密着型ってやつだったな」と表現している。給食教育の一環として、川上小学校では学校菜園における栽培と、それだけでなく、子どもたちの祖父母や地域の高齢者を巻き込まなければ達成できない栽培活動の課題を与えた。大根の種を与え、家で育て、収穫したものを展示したり、掘ったタケノコを持って行って給食で食べたり。どれも〝おじいちゃんおばあちゃん〟の力を借りないとなかなか達成するのが難しい。5年生の米作りにおける稲木干しも田んぼの管理も、保護者や地域の大人たちが手伝っていたようである。家庭における栽培活動も、栽培に詳しい祖父母や高齢者を頼りにしなければ成し得ない。給食教育を通じて、地域の大人、特に高齢者を教育の場に取り込んでいっていたようだ。どのような関わりだったのか、インタビューで語られる中から具体的な像として浮かび上がる。

【E‐60】

和井田：へえー、そうなんですねえ。なんか、あの、小学校の頃の色々おもしろかった……持って行ったり色々したりっていうことが……いま大人になられて、今に至るまで〝役立ったなあ〟とか、〝こういうのよく思い出すな〟とか、そういう……なんて言ったらいいんでしょうか……役立った……そこからなんか〝学びを得たなあ〟っていうこと、ありますか？

ごろうさん：ああー、でもいろんなものを作ってたんで……

和井田：はい。

ごろうさん：たとえば家とかで、家庭菜園とか。

和井田：はい。

ごろうさん：全然畑もないんですけど、そこに土をこう、プランターとか、して。夏野菜くらいだったら作ったりとか。

和井田：へえー！

ごろうさん：子どもと一緒に、してるんですけどねえ。

和井田：それはその……小学校の時の……

ごろうさん：おばあちゃんとかと一緒にねえ、種植えて。大根とか持って行ったりとかして。これは食べる、とか、ね。そういう、大根とかをこう、ちっちゃいやつ……まびいたやつを浅漬けにしたりとかっていうのを、覚えているんで。

和井田：そういう体験……！

ごろうさん：塩でこう、もんで。

和井田：はい。

ごろうさん：細かく切って、とか。

和井田：切って、とか。……それがもう土台、土台と言うか、もとになって。

おばあちゃんは大根をどうやって育てるかを知っており、まびき大根をおいしく食べる方法も教えてくれる、子どもにとって憧れの存在である。卒業生たちから、おじいちゃんおばあちゃんはそのような存在として語られる。給食教育を通じて子どもたちはおじいちゃんおばあちゃんのさらなる魅力を発見する。おじいちゃんおばあちゃんは教育活動を通じて子どもたちに魅力を発掘してもらい、子どもたちの感動や喜びと時間を共にする。

註

＊1　村井淳志（1996）、学力から意味へ――安井・本多・久津見・鈴木各教室の元生徒の聞き取りから、草土文化、11頁。
＊2　註1に同じ、16－21頁。
＊3　註1に同じ、18－20頁。
＊4　野口裕二（2005）、ナラティヴの臨床社会学、勁草書房。
＊5　やまだようこ（2021）、ナラティヴ研究――語りの共同生成、新曜社。
＊6　川喜田二郎（1967）、発想法、中央公論社。
＊7　註4に同じ、8頁。
＊8　註5に同じ、74頁。

＊9　註５に同じ、58頁。
＊10　註５に同じ、57頁。
＊11　野口裕二（２００９）、ナラティヴ・アプローチ、勁草書房、３－５頁。
＊12　註５に同じ、58頁における「もの語り」の定義に基づく。
＊13　註５に同じ、３１７－３１８頁。
＊14　註５に同じ、３１８頁。
＊15　註５に同じ、３０３－３２３頁。
＊16　やまだようこ・麻生武・サトウタツヤ・能智正博・秋田喜代美・矢守克也編（２０１３）、質的心理学ハンドブック、新曜社。
＊17　註６に同じ。
＊18　ただし、他の学年の方からはそのような話は聞かれなかった（みんな食堂に直行・集合した様子が語られている）ため、体育館に集合して６年生が引率するのは実践期の初めの頃だけだった可能性が高い。また、当時６年生の負担が大きく、その直後と考えられる時期に実践の内容が見直され、６年生の負担軽減がなされている。
＊19　表９－２において「班長は班の子が食べ終わるまで付き添わないといけない（ようこさん）」と表記。
＊20　安達幸子・他16名（１９８８）、川上小学校建築促進期成会、かわかみ　川上小学校改築記念誌、昭和63年10月、６頁。
＊21　環境省（２０１５）、学校給食から発生する食品ロス等の状況に関する調査結果について（お知らせ）。https://www.env.go.jp/press/100941.html（取得日２０２３年12月22日）
＊22　食品廃棄物は調理残さ５・６kg、食べ残し７・１kg、その他４・５kgの合計である。
＊23　「気になる」と答えている４名には「米粒がお茶碗に残っていたら気になりますか?」と聞いていた。いちたさんには残食の話の中で米粒の話を聞いており、気になるかどうかを尋ねていない。ふゆみさんには米粒がお茶碗についていたら気になるかどうかを尋ねていない。
＊24　いちたさんとごろうさんから迷いのない返答が得られている箇所であり、子どもの頃から（もしかしたら、無意識のうちに）重要なところであると認識し、意識して見て記憶していたと考えられる。

＊25　子どもたちとの関係に触れる際には「先生」、給食調理員との関係に触れる際には「教員」と記している。

＊26　ようこさん以外の人には班長が付き添っていたという記憶がなかったことと、この方法は班長という役割のためだけに不当に休み時間を奪われてしまうことになるため、すぐに見直され、一時しか実施されなかった方法であると考えられる。

＊27　第9章の「11　川上給食教育における子どもたちと大人たちとの関係」の（1）横並びの関係になる給食時間を参照のこと。

＊28　調理室と食堂を隔てる壁の中にガラス張りの棚が埋め込まれている形で、調理室側から食缶や鍋をその戸棚に置き、調理室側のガラス戸を閉めた後、食堂側のガラス戸を開けて取り出すことができる。衛生区域を確保したまま食缶や鍋の出し入れが可能になる設備。

＊29　むつえさんは「給食室にたまに遊びに行ってたこともあったかも【F-77】」しれないと話している。それは「木造のとき」の出来事であり、廊下から「ぱっと（扉を）開けたらもうそこが調理の部屋【F-77】」だったという。

＊30　川上小学校教育方針『地域にねざした教育』１９７８年度版81頁に担当教職員が明示されており、安達さんも福井さんも縦割り班に配置されている。

＊31　第8章の「5　『勉強せんと百姓せんなんど』と労働教育」を参照のこと。

＊32　すぐに病院へ行き、指は大丈夫だった。

＊33　〝このような子に育ってほしい〟その内容は第8章「2　誰が読んでもわかる教育目標」を参照のこと。

＊34　〝自然とうまく付き合いながら作物を実らせる方法を習得する〟ことをしないという意味ではない。栽培方法の習得は学習「内容」あるいは学習「手段」であり、教育の「目的」ではないことを強調している。極端なことを言えば、作物を実らせる方法を熟知できていても〝このような子に育ってほしい〟像からかけ離れているのであれば、その方法は見直されなければならない。逆に、〝このような子に育ってほしい〟像そのものだと感じる子に育ってくれたのならば、その子が栽培方法を十分に習得していなくても、教育としては十分に機能したと考えられる。

＊35　〝子どもだけで栽培を成功させる集団〟とは、子どもを生産のためにただ働かせることを意味した言葉であり、それは教育的ではないことを強調したい。そこで習得できることはあるだろうが、それは教育の目的と合わず、ただ何でも習得できれば良いということではない。

＊36　収穫されたサツマイモを使うため、安達さんは標準献立を調整する相談をしていた【D1-28】。また、福井さんはインタビュー時に、当時安達さんと一緒に作って給食に出したサツマイモのお菓子を再現して持って来てくれた【B-55】。

＊37　第７章の「４　さっちゃんと〝良いペア〟の福井さん――忘れたら箸作る実践――」を参照のこと。

＊38　本章「10　給食教育――労働教育に関連した話（３）給食当番」におけるインタビュー【E-30】を参照のこと。

第10章　川上小学校の〝給食教育〟における学び

ここまで、川上給食教育を通じた卒業生の学びを記述した。記述されたすべてが学びの一つひとつである。しかしここでは、この学びの全体像をみたときに大きく描くことのできる川上給食教育の教育的意義3つをまとめる。それは、①楽しい思い出として覚えていること、②子どもに応じて引き出された学びであること、③人と人との関係を育む給食教育であることの3つである。

1　楽しい思い出として覚えている

インタビュー対象者は30～40年を経ても、昨日のことのように小学校の給食の思い出を語った。その記憶はひと、もの、こと、細部にわたり、関わった大人たちへの感謝の気持ちと共に語られた。この事実が、川上小学校の教育における学びの成果であると考えられる。当時の給食の記憶は、おいしいに始まり、大好き、楽しみ、満足などの前向きな感情と共に語られることが多かった。給食を通じて語られるおいしい、大好き、楽しみ、満足などの前向きな感情は、その感情そのものが子どもたちの認知や成長に良い影響をもたらしていた可能性がある。

　人が幸せに生きていく上で自己肯定感が重要であることはよく知られている。小出ら（2021）は小学生の自己肯定感評価のために、次の9つの項目「①自分にはいいところがたくさんあると思いますか。」「②自分は周りから大切にされていると思いますか。」「③あなたは自分のことが好きですか。」「④あなたは辛いことや苦しいことがあっても乗り越えられると思いますか。」「⑤あなたはお家の人からほめられていますか。」「⑥あなたは学校の先生たちからほめられていますか。」「⑦あなたは友達からほめられていますか。」「⑧あなたは友達の前で自分の考えを発表することが得意ですか。」「⑨あなたは何でも自分から挑戦することができますか。」で構成される質問紙を作成した。その中には、「②自分は周りから大切にされていると思いますか。」という質問が含まれている。[*1] これを今回のインタビューにおける給食ストーリーで振り返ると何が言えるだろうか。

　1976年に食堂が建設され、自校炊飯米飯給食となったことについて、渋谷忠男先生は著書の中で、「弁当持参の副食給食は、はやくいえば冷飯給食だった。[*2]」「米をつくって生きてきた農民が、子どもに冷飯やぬくめ飯を食わせていて『米飯給食でございます』などといっているのは恥ずかしいことだと思っている。[*3]」と表現している。日本には〝冷や飯を食う〟という表現があり、この言葉の意味は「②冷遇される。[*4]」である。これに対して「ごちそう【A-9】」とは、「1

心を込めたもてなし。」[*5]の意味である。つまり、自校炊飯米飯給食として始まった給食は、教職員や保護者ら大人たちとしては、子どもを大切にすることなのであった。子どもたちはその意味を感じており、先生や親たちが自分たちのことを大切にしてくれる、大切にしようと頑張ってくれた結果がおいしい〝ごちそう〟の給食であったのだ。前述の「②自分は周りから大切にされていると思いますか。」において、実際に子どもたちがそのように感じられる給食であったと言える。自己肯定感を説明する意味においてはごく一部の話ではあるが、そのような、子どもを大切に扱うための給食であったことの意義は深い。

卒業生たちは、当時の教職員や親への感謝の気持ちや尊敬の気持ちを抱いていた。この気持ちそのものが、人と良好な関係を結んでゆく上で重要なことである。望ましくないことや対立が起きなかったはずはない。それでも、望ましくないところや対立する部分ばかりを見て記憶する必要がない関係になっていたと考えられる。

2　子どもに応じて引き出された給食教育における「学び」

川上給食教育における、一人ひとりの学びの様相はどうだろうか。第9章「8　卒業生それぞれの給食ストーリー」に記した。

いちたさんは、ロールモデルとなる大人に出会った。ふゆみさんは、給食を作る仕事がしたいと思った。さいすけさんは、「おいしかったというイメージしかない」給食時間を過ごした。ようこさんは、家でも学校でも頑張ってくれたお母さんを大切に想っている。ごろうさんは、たくさんの冒険をした。むつえさんは、ふき・わらび採りを今も家族と楽しんでいる。

これらのストーリーから言えるのは、全員が同じ知識・技能を得ているとか、何らかの同じ思想を得ているわけではない、ということだ。給食教育そのものも、何らかの知識・技能を得ることを目的としているわけではないし、何らかの思想を定着させようとするものでもない。

川上給食教育は〝このような子に育ってほしい〟、そのような子に育てることを目的としてという大人たちの共通了解があり、そのための〝自分らはどうあるべきか〟を大人たちも精一杯考えながら、行われてきたものだ。卒業生たちは、給食教育で出会うあらゆるひと、もの、ことから、自分にしか学べないことをそれぞれに学んでいた。学びの内容はその人その人にとって、これから先にも人と良い関係を結び、自信を持って幸せに生きていくために必要なことであったと言えるのではないだろうか。

子どもたち一人ひとり、まったく別の才能・感覚・背景を持っている。その子どもたちを1つの学校に集めているのだ。そして教育を行う。その時に、短期的には同じことを同じように学んだようにみえるのかもしれない。しかし、30～40年経つとどうだろうか。同じ人生はなく、それぞれにどれだけ自分として生き生きとした歩みを得てきたかということが、インタビューに、当時の学びの語りに反映される。その結果、それぞれに違った姿を持ちながらもそこから学ばれることが多くある。その事実が川上給食教育の教育的意義を示すものになっている。

3　人と人との関係を育む

川上小学校の給食教育が、その教育活動を通じて子ども同士、子どもと大人、大人同士の関わりを深めるものになっていたことを書いた。このことは、本研究において分析を進める上で欠かせない要素であり、常に中心にあるテーマとなっていた。人間関係が育まれるというのは、よい人間関係が育まれるという意味であって、ただ人が関わりあう関係にあるという意味ではない。

学校は子どもと大人が集まる場所であり、その場所では必然的に人間関係が生まれる。しかし、その人間関係が良いものになるのか、悪いものになるのか、それはそこにいる人間が互いにどのようにふるまうかで決まる。また、学級集団における担任教諭など、子どもたちが必ず関わり合う大人もいれば、給食調理員や用務員、教頭や校長など、何か機会がなければほとんど関わり合わない大人もいる。ほとんど関わり合わない人とは、人間関係と呼べるものは生まれない。

今回のインタビューで、全員が給食調理員の名前を覚えていた。学級担任の名前とエピソードを話した人もいた。そのどれもが、感謝や尊敬、ポジティブな気持ちと共に語られた。学級担任であった先生や給食調理員がいまどうしているのかもよく知っていた。川上小学校の人間関係は卒業後も途切れずにずっと続いていたのだ。

大人と子どもの人間関係だけでなく、子ども同士の人間関係にも豊かさがみられた。今回のインタビューで互いに知り合いであるという人が重複を含めて少なくとも3組あり、話しぶりから互いのことを尊重していることがわかる。同じ小学校で時間を過ごした仲間の、ゆるく、温かく、ずっと続くネットワークがそこにあった。川上小学校閉校記念誌にもこのような寄稿がある。


私が川上小学校へ入学したのが、昭和56年。まだ木造の校舎でした。

1・2年生の担任はA先生。[*6] 髪をうしろで束ね、キリリとした、きびしくもやさしい先生でした。いたずらをすると、細い竹の棒でおしりをピシャリと叩かれましたが、みんな先生が大好きでした。

3～6年生はM先生。[*7] 授業が始まると、まず男子と取っ組み合いのプロレスでした。国語を熱く教わったのを覚えています。悪いことをすると、大声でどなられました。まさに全身で児童にぶつかっていく、男気あふれる先生でした。

木造の校舎は、久美浜町内で一番古く、体育館も狭かったのですが、とても楽しいものでした。体育倉庫の天井に大穴が空いており、天井を通って別の倉庫に行ったり、図工室の天井へ上り、天井板がはずれたりしたこともありました。廊下、壁、ガラス窓枠もすべて木造で、あたたかく感じる校舎でした。図書室には、バルコニーがあり、グランドが一望でき、気持ちのいい風が通りました。大時計がありましたが、止まったままでした。

4年生ごろから、隣の田んぼを埋め立て、6年生の時に現校舎になりました。新校舎卒業1号生です。

祖父・父・母・私と兄弟、そして娘と本当にお世話になりました。

時代の流れとはいえ、川上小がなくなるのはとてもさみしいですが、元気で仲がいい川上っ子の心は、今も私の原点です。

もうすぐ初の同窓会があります。長い期間会わなくても気兼ねなく話せる、すばらしい仲間に会うのを楽しみにしている この頃です。


『140年のあゆみ［川上小学校　閉校記念誌］』2014年より[*8]

関わり合う状況は、具体的にどのように設定されたのか。その中心となったのが給食教育活動である。縦割り班の給食で、教職員・異学年と食事を共にする。労働教育活動においては保護者、祖父母と共に栽培などの課題に取り組む。地域の大人に協力してもらい、給食の食材を集める。地域の高齢者に箸作りや縄づくりを教えてもらう。学校農園は教職員や保護者、地域の大人たちが収穫につながるよう真剣に世話をする。このように、給食教育は学級集団以外の人とも関わり合わなければ達成できないものに設定されており、その人間関係を良いものへと育んでゆく土台として、教職員集団が〝このような子に育ってほしい〟という目的のもとに同じ方向を向いて、〝そのための自分らはどうあるべきか〟が教育計画の段階で話し合われていた。[*9]

註

＊1　小出真奈美・片岡千恵・荒井信成（2021）、小学校低学年における児童の自己肯定感を高める授業の試み――特別の教科道徳と体育の教科等横断的な取り組みから――、日本健康教育学会誌29（1）、61－69頁。
＊2　渋谷忠男（1988）、学校は地域に何ができるか（人間選書126）、農山漁村文化協会、128頁。
＊3　註2に同じ。
＊4　新村出編（2008）、広辞苑第六版、岩波書店。
＊5　日本国語大辞典第二版編集委員会（2001）、日本国語大辞典第二版、小学館。
＊6　原本では本名。
＊7　原本では本名。
＊8　川上小委員会（2014）、140年のあゆみ［川上小学校　閉校記念誌］、33頁。
＊9　第8章の「2　誰が読んでもわかる教育目標」を参照のこと。

終章　子どもの学びを大切にする学校給食の未来

1　子どもの学びからみる学校給食の教育的意義とは

本研究は、序章において述べた問題の所在をもとにして、子どもの学びを大切にしたときに、学校給食を通じた教育の意義は何であるかを論じようとするものであった。第Ⅱ部では川上給食教育における子どもたちの学び3点をまとめた。ここからは、明らかにされた学び3点をもとに、学校給食の教育的意義がどのようなものであるかを論じたい。

(1)　学校給食の教育的意義

①学校給食をおいしくて楽しいものとして経験すること

1つ目として言えるのは、学校給食をおいしくて楽しいものとして経験することの意義である。子どもたちは30～40年という時を経ても給食のおいしさを忘れないこと、給食が楽しみだったこと、大好きだったことをよく覚えていることが示された。また、その喜びや楽しさ等の前向きな感情に付随して、給食の内容に限らず当時のひと、もの、ことの多くを詳細に記憶していることがわかった。

30～40年経って振り返った時に、「楽しみだった」「大好きだった」「おいしかった」のように、ポジティブな感情とともに思い出されることは、その当時に喧嘩や対立、悩みなどがあったとしても、基本的には安定してポジティブな感情で過ごせていたことを意味すると考えられる。山崎（2006）によると、ポジティブな感情が高い人は他者への援助、寛大さ、責任感の強さ、親しみやすさ、社交性などを促進するだけでなく、ポジティブ感情は健康維持にも貢献することが示されている。[*1] Fredrickson B. L.（1998）も、負の感情が狭い範囲の行動傾向を示す感情である一方で、喜び（joy）と関連する前向きな感情は、個人の思考（individual's thought）と行動の範囲（action repertoire）を広げることを論じた。[*2]

日本においては、給食指導が教育活動のもとで行われるものであるからといって、子どもたちに強制的に食べ物を食べさせるような不適切な指導場面が度々みられることがある。そのような不適切な指導は子どもたちにネガティブな感情を引き起こすものであり、時に長い時間苦しむ子ども（大人）もいる。[*3] そのような不適切な指導を教員だけのせいにすることはできず、学校栄養士による学級の残食調査や食育の推進が教員に指導のプレッシャーを迫る背景となり得ることも考慮しなければならない。また、著しく多忙をきわめる小学校教員は常に強いストレスにさらされており、そのように教員を苦しめる環境が子どもたちを苦しめることにもつながりかねない事実は知っておかなければならない。

その一方で「ポジティブ感情の高い者が社交的になり、対人関係の良好な側面を促進する」[*4]可能性があるだけでなく、他者の観点からものを見る傾向を高め、他者を援助する傾向があることが示唆されている。[*5]学校給食がおいしいものであり、その時間が楽しい時間であれば、それそのものが子どもたちの成長に効果的で恩恵をもたらすだけでなく、仲の良い人間関係を築く助けにもなる。

学校給食が「おいしい」ものである必要性は、「栄養バランスが良い」ものである必要性と比べて後回しにされがちである。しかし、本研究によって、給食が教育に位置づくものである限り、学校給食が「おいしい」ものである必要性は、「栄養バランスが良い」ものである必要性と同等の意味をもつことが示されたと考えている。このことは同時に、「おいしい」学校給食を提供する栄養教諭や調理員は、確実に給食の「教育的意義」に貢献していることを意味する。

また、本研究の成果によって、学校給食が「楽しい」ものである重要性が示せた。給食を通じて必要なマナーや技術を身に付けさせる指導は大事だが、その指導が子どもたちの食べる時間における「楽しさ」を奪ってしまう教育方法では元も子もない。今後は、指導する側もされる側も楽しめるような給食指導や、給食時間の在り方、給食という仕組みや体制の在り方が学校をあげて検討されなければならない。

ここまで色々と論じてきたが、本当は、このように簡単な話なのだ。おいしければ、食べやすく、よく食べられる。よく食べられれば、その子の身体に必要な栄養も満たされる。でも食事の場が辛ければ、いくらおいしいものでものどを通らない。おいしくて、楽しい食事は、子どもたちの栄養をしっかり満たしてくれる。それだけでなく、学びに貢献する。

②学ぶべきことを自分で見つけて学ぶこと

2つ目に、学ぶべきことを自分で見つけて学ぶことに意義があると言える。川上給食教育を通じて、当時の子どもたちは、その子その子で自分に合った学びを得ていた。それは教員が内容を限定した学びではなく、教育の場においてそれぞれまったく別の視点から、その子の価値観を通じ、学びがいのあることを学んでいた。

佐伯（１９９５）は、「学びがい」とは、「学ぶことの価値とか学ぶ意義のようなものへの、漠然とした希望をいだいていることを意味している。もちろん、本当の価値とか本当の意義は学ぶまではわからない――だからこそ、これから学ぼうというわけだ。しかし何かしら『大切そうだ』とか『あとで、学んでよかったと思えそうだ』というものを期待しているのである。[*6]」「この『自分にとって本当に学びがいのあること』を探す、ということは、いい換えると、本当の自分とは何か、を探し求める『自分探しの旅』だといい換えてもいい[*7]」と述べている。

つまり、その子その子で、自分にとって「学びがい」がありそうなものを見つけ、それが学ばれていくのであって、大人側が「これを全員に学んでほしい」というものを子どもにあてがい、大人が意図したことをどれだけ子どもが学習したかをみるのは別の話であるということだ（当然、意図され計画されたカリキュラムにおける学習も非常に大事である）。そして、その子にとっての本当の価値や本当の意義は学ぶまでわからないので、それは本人にしか説明することのできないものとなる。

そうだとすると、給食を通じて学ばれたことは、たとえば30～40年であるとか、そういった長い時間を経て、卒業生本人によって初めて語られることが可能になるものでもある。それは給食のおいしさが重要である場合もあれば、給食調理員の仕事ぶりが重要である場合もある。

さらには、給食教育を通じて教職員が積極的に構築した大人たちの人間関係によって間接的にもたらされた数々もある。学校給食は食を通じて様々な職種の大人と出会う可能性をもつ教育の場であり、子どもたちは、そこに学びがいのある教育の場が広がっていれば、学ぶべきことを自分で見つけると言える。

重要なのは、学びがいのある〝環境〟が用意された給食実践となっていることである。ここで言う、〝環境〟とは、大人たちの人間関係や、関わるあらゆる職種の人間の仕事ぶり、トラブルが起きた時にどのように声をかけてもらえたか、子ども同士どのような魅力的な人間関係が構築できたかなども含む。

③豊かな人間関係を育むこと

3つ目に、給食教育を通じて豊かな人間関係を育むことがあげられる。食事の場は、人と人が関係を深める可能性をもつ特別な場である。本研究によって、この特別な食事の場を、本来の教育目的である「人格の完成」や「豊かな人間性」に向けて生かすことができると示唆された。卒業生は実際に、給食教育を通じて豊かな人間関係を育むきっかけを得ていたと言えよう。

学校給食は貧困救済に始まり、一般化期、高品質化期、食育期を経て、2020年以降は新たな時代に突入する（第1章参照）。日本では新型コロナウイルス感染症拡大防止対策のために、2020年に3か月間の休校措置がとられた。その間、子どもたちには栄養面で負の影響があったことが報告されている。[*8] そのため、子どもたちの十分な栄養摂取を支える食事としての意義はこれからも果たされなければならない。

その一方で、学校が給食を通じて育むことができるのは子どもたちの身体だけではない。教育として十分に機能させ、おいしい思い出、楽しい思い出の場とすることは、子どもたちが互いに良好な関係を築き、先生に信頼を寄せ、尊敬できるところを見つけ、互いの良い面を学ぶことのできる貴重な時間となる。たくさんの人と良い関係を築くこと、生涯大切にできる思い出と仲間を得ることは、家庭が苦境にある子にとっても、そうでない子にとっても、困難な時代を幸せに生き抜くために大変重要なことである。そして、豊かな人間関係が構築されることは、子ども時代には特別に大きな効果を発揮し、その効果は大なり小なり生涯継続する可能性がある。

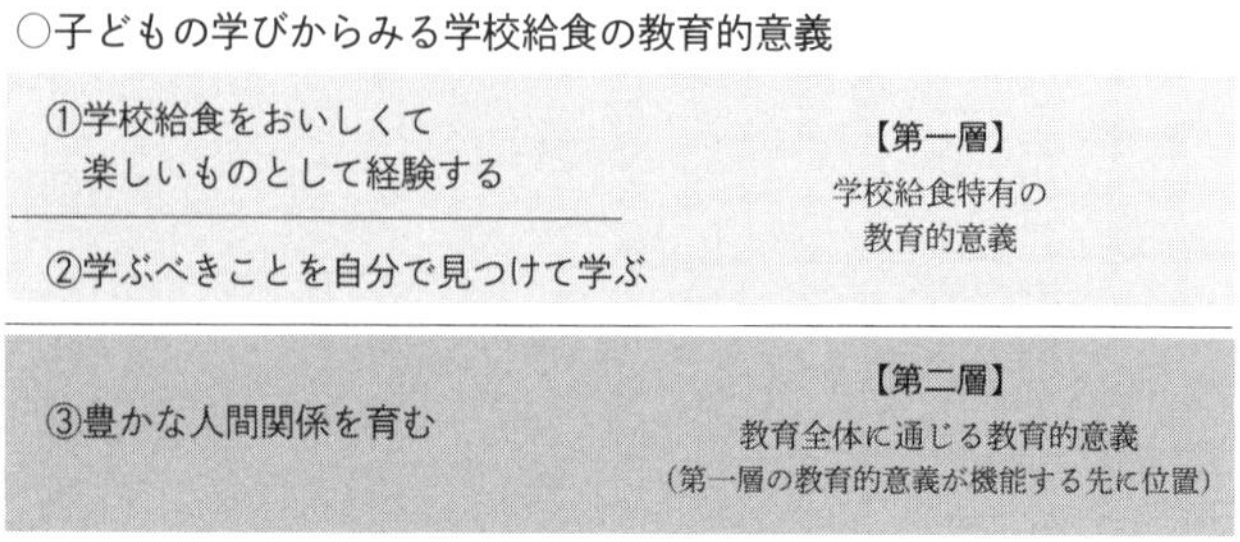

図終-1　学校給食の教育的意義３つの位置関係

今回の新型コロナウイルスによる様々な変化が、子どもの心身にまで影響を与えていることが明らかになりつつあるが、本研究の川上小学校の給食教育も、同じような危機から始まっていた。高度経済成長の影響を受け、機業兼業農家が増え、その大人たちの生活スタイルの変化が子どもたちの身体や心に影響を及ぼしていた。給食教育は、そのような子どもの現実を変え、良いものにしていかなければならないと親たちを奮い立たせた結果生まれた教育実践であることを本研究では明らかにした。いま、コロナ禍を経験した私たちだからこそ、まさに今だからこそ、給食の教育的意義がもつ可能性、つまり食を通じた教育の可能性について全員が希望をもって議論する必要があるのだ。

(2) 教育的意義3つの位置関係

さて、ここまで述べた子どもの学びからみる学校給食の教育的意義3つは、実際には同列のものではなく、2つの層に分けて説明されると考えた（図終－1）。

第一層は、①おいしくて楽しいものであること、②学ぶべきことを自分で見つけて学ぶ、の2つの意義である。これらは学校給食特有の、核となる教育的意義として説明できる。第二層は③豊かな人間関係を育む意義であり、これは①と②の教育的意義が機能する先に位置すると言える。また、③は給食特有のものではなく、教育活動全体に通じる教育的意義であると言える。つまり③は、本研究において給食のもつ特徴的な教育的意義を追究した結果たどり着いた、教育の本質に通じる意義・機能として見出された教育的意義である。学校給食においては、食を通じた複合的で体験的な教育活動であるからこそ得られる①や②の意義を最大限に活かせるものとしつつ、その先に育まれる③を意識した教育とすることが1つの方法として考えられる。

2　これからの給食を通じた教育活動に向けて——実践の内容を真似する必要はない

「川上小学校の教育実践が魅力的なのは、わかった。しかし、それはあの時代の豊かな農村である川上地域だからできたことではないか。現代では無理だ。」川上小学校の実践を紹介すると、必ずこのような意見が聞かれる。これは本研究をスタートする上で核心をつく問題だった。私たちは過去の優れた教育実践から、「何を」学ぶのか。同じように、子どもたちに箸を作らせればよいのか。学校菜園や米作り体験を行い、収穫した食材を給食で使用すればよいのか。異学年合同給食を行えばよいのか。たしかにそのような教育実践の内容を真似することで、一歩先に進めることもありそうだ。しかし、時代も社会環境も変わってしまっている現代において、実践の内容を真似するだけならば、その実践は簡単に形骸化してしまうのではないだろうか。では、本研究がもたらす成果として川上小学校の実践の内容を真似する以外に、これからの給食を通じた教育活動に向けて何が言えるだろうか。

(1) 川上小学校の給食教育におけるエピソードの解釈

一番には、読み手が大事だと直感したところが最も重要である。本研究は質的研究であり、結果はもの語りになっている。読み手の実践や考えと響きあう箇所や不協和音を生じる箇所こそに意味がある。そこを話題にし、まわりの方々と議論していただくことを望む。

(2) 本研究から導き出される仮説

第5～8章で述べた川上小学校の給食教育について、第9、10章における卒業生のインタビュー結果をもとに、終章の1において子どもの学びからみる学校給食の教育的意義3つをまとめた。これら川上小学校の給食教育で得られた子どもの学びを分析するなかで、特に第Ⅱ部で調べた給食教育実践において子どもたちが学びを得るために重要であった可能性の高い、前提条件とも言える実践の要が2つ示唆された。それは、①教育に関わる立場の違う者同士による、時間をかけた対話によって、教育目的に向いた〃どのような子になってほしい〃か、そのための〃自

○教育的意義が機能する教育実践の前提条件として示唆されたこと

① 教育に関わる立場の違うもの同士による、時間をかけた対話によって、教育目的に向いた“どのような子になってほしい”か、そのための“自分らはどうあるべきか”の共通了解と言える具体的人間像を見出すことで、それぞれの実践者独自の教育方針や見識が育まれ、実践を本質的に機能させるものとできること。

② 実践内容は教育目的に向いて作り直し続けられるものであること。

図終-2　前提条件の仮説

分らはどうあるべきか〟の共通了解と言える具体的人間像を見出すことで、それぞれの実践者独自の教育方針や見識が育まれ、実践を本質的に機能させうること、②実践内容は教育目的に向いて作り直し続けられるものであること、である（図終－2）。この2点はまだ仮説の段階であり、今後はこれら前提条件の仮説についても、丁寧に根拠を照らし合わせて検証を進めたい。

子どもの学びから給食を通じた教育の意義をたどった結果、給食のもつ特徴と可能性は給食個別のものとして存在しながら、給食を通じた教育の意義は、食に特化したところにあるのではなく、他の教育活動と同じ「人格の完成」で表現される子どもたちの豊かな人間性の涵養にあるのであった。

まだここに、学校給食の研究、子どもたちの学びにおける探究は始まったばかりだが、30～40年前の記憶を語りその貴重な意味を証明した卒業生への感謝と、子どもたちの未来のために一致して輝かしい時を駆け抜けた当時の実践者への感謝の気持ちと共に本書を終えたい。

註

＊1　山崎勝之（２００６）、ポジティブ感情の役割――その現象と機序、パーソナリティ研究、14（３）、３０５－３２１頁。

＊2　Fredrickson B.L. What Good Are Positive Emotions? *Rev Gen Psychol.* 1998 Sep;2(3):300-319.

＊3　髙澤光・小林真（２０１９）、小学校における給食指導の問題点――事例研究と調査研究に基づく小学校での食育に関する提言、富山大学人間発達科学部紀要、Ｖｏｌ・14、Ｎｏ・１、11－22頁。

＊4　註１に同じ、３１２頁。

＊5　註１に同じ、３１２頁。

＊6　佐伯胖（１９９５）、「学ぶ」ということの意味、岩波書店、７頁。

＊7　註６に同じ、10頁。

＊8　Horikawa C, Murayama N, Kojima Y, Tanaka H, Morisaki N.(2021). Changes in Selected Food Groups Consumption and Quality of Meals in Japanese School Children during the COVID-19 Pandemic. *Nutrients.* Vol.10, No.13(8), p.2743.

おわりにかえて――給食をめぐるわたしの記憶から

私は、川上小学校の給食研究を通じて一人の女の子を救った。それは私自身である。この本を終えるにあたり、私はこの話をしないわけにはいかない。ここからは私の記憶なので、実際とは異なるかもしれない。しかし、子どもの記憶がどのようなメカニズムなのかを知っていただく上でも、そのままの私の記憶を書かせていただく。この記憶は、川上小学校の研究を始めてから突然鮮明に蘇った記憶であり、当時からすでに25年経過していた。

小学校低学年の頃、私は給食がとても怖かった。食べるのが遅かったために、毎日給食の終わりの時間になっても半分以上給食が残っていた。食べなくてはいけないものが目の前にあり、食べきるまで教員に見張られていることが恐怖であり、気持ち悪いものであった。そのような気分で食べなければいけないと思えば思うほど、気分が悪くなった。「もう一口も、口の中に入れることはできない」といつも思った。味なんて覚えていない。覚えているのは恐怖と気持ち悪さだけだ。ただでさえそのような気持ちで毎日の給食を〝頑張って〟いたのに、その日はやってきた。ハンバーグをコッペパンに挟んで、ハンバーガーにするようなメニューだったと記憶している。私からするとあまりにも大きいコッペパンで、食べなければいけないと思うと、まだ時間は十分にあるのに、食べられるか、食べられないかを考えて気持ちは追い詰められて、ハンバーグもコッペパンも、もう一口も食べることはできないという絶望的な気持ちになった。私はドキドキしながら、半分以上あるそのコッペパンに、残りつつあるハンバーグを挟み、コッペパンの入っていた袋にすべて入れて、素早くランドセルに隠した。よかった。これで今日はもう大丈夫だ……そう思ったのもつかの間、給食が終わる頃になると、担任教員は私のすぐ後ろまで来て、「パンを出しなさい」と言った。私は何が起こるのか、その恐怖で泣きながらパンを引きずり出したと思う。なんてみじめなのか。それだけでは終わらなかった。その教員は「あなたが食べ終わるまで、みんなも待ちます」と言い放ち、クラスの皆は、私が食べ終わるまで給食を終わりにせずに待つことになった。教室がものすごく静かだったことを覚えている。私は泣きながら食べた。でも、食べ終わったかどうかは覚えていない。そこから先は、覚えていない。当時の担任教員のことは、性別も名前も年齢も思い出せない。それでも私は、しばらくは元気に学校に通っていた。

　だが学年が変わったある時、急に給食が怖くなり、まったく食べられなくなった。と言うより、ずっと怖かった給食がついに我慢できなくなってしまった。いよいよ私は、4時間目が終わると、「お腹が痛い」と言って帰ってしまうようになる。給食の前に帰ってしまうことは日常となった。担任のK先生は、優しかった。そのような私を丁寧に見守り、安心して学校にいられるように色々な方法で関わってくださっていたと記憶している。K先生には自分の本当の気持ちを話しても大丈夫だ、というのが私のK先生の印象だ。私は給食を一口だけ食べるだけで終わりにしてよいことにしていただき、お皿にスプーン1杯ずつくらいの給食を置いて、何とかそれらを食べきっていた。ある日、アルミカップに入ったグラタンが出た。みんなの大好きなメニューだ。しかし、数モノなので、一口量まで減らすことのできないグラタンを私は食べきれるか怖くなった。食べきれないグラタンを最後まで見るのも怖い。そう考えながらグラタンを見つめていたら、同じクラスのMちゃんが、「ゆかこちゃん、グラタン食べないの？ すごくおいしいから、食べないのなら、もらっちゃってもいい？」と言ってくれたのだ。私はMちゃんの一言で、この世界に安心したと思う。「やったぁ、ありがとう！」と、とってもおいしそうに食べてくれている様子をみて、幸せな気持ちになった。その日からだったと思う。私は安心して給食を食べるようになり、もう恐怖を感じることはなかった。それ以降は、毎日みんなと同じように学校に行って給食を食べて過ごした。K先生はもちろん、他の担任の先生は全員フルネームで思い出せる。

主指導教官の河村美穂先生にご指導をいただいて博士研究を進める中で、この記憶は突然に表出した。それまで、私はなぜ栄養士になり、学校に勤め、学校給食の研究をしようと思ったのか、自分自身でも本当の理由は知らなかったのだ。「食べることが好きだから」や「調理実習がワクワクするから」「楽しそうな学校だから」「子どもたちの食に関われる仕事や研究が魅力的だから」などの理由があったはずだが、いま思えば、それらは無意識に向かってしまう心に理由を後付けしたものだったのかもしれないと思う。あの時の私という女の子を救いたい、給食で辛い思いをする子は一人もいない世界であってほしい、そんな願いが心に蓋をされながらも、私を突き動かしていたのだろう。河村先生にお聞きすると、研究に没頭する中で学生さんに度々みられる現象だという。

いま、私は当時の担任教員を恨んではいない。そのことに私自身がホッとしている。あの先生も、私を傷つけようとは思っていなかったのだろう。もっと食べられるようにしてあげようとか、皆と同じようにルールを守らせようとか、そういった教員の仕事の中の考えだったのだろう。いつまでも指導の効果のない子がいれば、焦る。多少厳しいやり方をしてでも、わからせようとしてしまうかもしれない。研究を通じて出会った学校の先生や子どもたち、川上小学校の皆さんが私をこのような理解につなげてくださった。救われたと感じている。しかし、子どもであった私は非常な恐怖の中にいた。大人たちが思っている以上に、子どもは食べるという時間において敏感に何かを「受け取る」のだ。そして傷ついてしまうのだ。そのような状況が、学校給食においてどうやっても生まれないような〝環境〟にすることが大事だ。そして子どもが守られると同時に、教員も追い詰められるような〝環境〟であってはいけない。

学校給食の教育的意義を論じるという大層なテーマ設定だったが、栄養学から出発した学生の私を、河村美穂先生はいつも大切に見守り、鋭く的確な指導で導いてくださった。どんなに遠回りをしても、後々無駄になるような分析をしていたとしても、私という人間が研究者として成長する過程にじっくりと向き合ってくださるご姿勢は、教育学とは何かを物語っている。感謝してもし尽くせないが、これからも研究者として成長し続けることで恩返しさせていただけたらと思う。

また、博士論文を書き上げる上で岩川直樹先生、杉山久仁子先生、木下龍先生、倉持清美先生には温かいお励ましと重要な示唆に富むご指導をいただいた。そして、栄養学を学んでいた頃からいつも私を励まし、温かく見守ってくださいました曽根博仁先生、鈴木惠美子先生、赤松利恵先生、谷内洋子先生。川上小学校と出会う機会と研究環境をくださいました由田克士先生。他、ここには書き切れませんが、私を支え、よき見本を示してくださいましたすべての先生方に深く感謝を申し上げたい。

そして院生として共に励まし合い、大事な助言をくれた椎谷千秋さん、瀬川朗さん、河村ゼミの皆さん。皆さんがいてくださって本当に良かった。

博士論文の審査において、岩川直樹先生より次のご講評をいただいた。

給食教育や食教育を通して見える実践が〝図〟だとすると、その土台にあるのは教育の〝地〟の部分だと言える。その意味からこの研究を通して見出せた3点を述べる。1点目は関係性である。『人格の完成』と言ったときに、それは関わりの中での自己の再形成のことである。人と人との関係がどうであるかを抜きに、個々人の○○力がどれだけ身に付いたかで論じられることがあるが、本研究では川上小学校の教育を通じて育まれた人と人との豊かな関係性が描かれている。2点目は、一回性的な出来事の意味である。一度限りの体験だけれども体に残る、記憶に残る意味に注目していくことが大事であり、こんな時に、こんな出来事があったなということが生涯にわたってその人を支え続ける、その意味。そこに研究として注目している。3点目は、連続性。教育実践は10年、20年かけて練り上げられていくものであることが見いだされる。今の学校は管理職の回転が4～5年と、早い。学校の文化が形成されていくためには、それは連続的でならなければならないのであって、川上小学校の実践には地域というものを見直していく、圧倒的な連続性を垣間見た。これら3点は時代が変わったからできないこと、ではない。関係を大事にする視点や、一回性的な出来事の意味を重視することや、そこに螺旋的な連続性を作り上げていこうとする自己をもつこと、そういったことで、できる。

岩川先生には、本研究がなされることの意義を丁寧に、心にまで響く表現でお話しいただいた。ここにきて、この研究も私自身も新たに誕生したかのような感覚となった。深い感動に満たされている。

その後、ご縁をいただき学校現場で働く中で、岩川先生のご講評における「一回性的な出来事の意味」という言葉が心の中に温かくとどまった。たった一回だけの出来事でも、お互いにとって大切な思い出となることがある。子どもたちにとって、ただ横にいて思い出を共有するだけでも意味を持ってもらえることがある。それを知っていることが、栄養教諭として子どもたちとたくさん会えなくても貢献できるかもしれない、出会っている意味があるかもしれないという励みになった。

研究成果を書籍化するにあたり、農山漁村文化協会の阿部道彦さん、阿久津若菜さんには格別のご理解とご協力をいただいた。また、京都大学人文科学研究所の藤原辰史先生には、貴重なご助言と激励をいただいた。初めての出版で拙いところばかりの私だったが、安心して完成させることができた。深く感謝申し上げたい。

いつも私を支えてくれている家族、友人の皆さんにもこの場を借りてお礼を伝えたい。皆の存在そのものが私の人生の宝だ。

研究を通じてお会いした京丹後市の皆様は、一緒にいると幸せな気持ちになる方ばかりであり、人として大切なことをたくさん学ばせていただいた。私にとって心の故郷のような地となった。

研究の資料収集や公表にあたっては、京丹後市教育委員会および川上小学校関係者の皆様に一方ならぬご協力とご理解をいただいた。特に故・渋谷忠男先生、大場耕作先生、福井芳子さん、岡田昌子さん、松田はるみさん、前田洋子さんには、多大なご尽力とご協力をいただき、皆様とのご縁がなければこの研究は存在していなかったであろう。また貴重な一次史料を惜しまず全てお送りくださいました石井克枝（旧晴山）先生をはじめ、多くの研究者の皆様に史料・資料収集のご協力をいただいた。私ひとりの力ではとても辿り着くことのできない成果であり、研究を通じてお会いしたすべての方に深く感謝申し上げたい。

２０２４年２月　学校給食法成立から七十年目の春に

著者

なお、本書は2022年3月に東京学芸大学大学院連合学校教育学研究科において学位が授与された博士論文「子どもの学びからみる学校給食の教育的意義——1976年から1987年の旧久美浜町川上小学校における給食教育に着目して」をもとに加筆修正し、JSPS科研費（研究成果公開促進費）23HP5188の助成を受けて出版するものです。本研究の成果は著者自らの見解等に基づくものであり、所属機関、資金配分機関、及び国の見解等を反映するものではありません。

著者紹介

和井田結佳子（わいだ・ゆかこ）

1986年生まれ、埼玉県出身。管理栄養士、2024年4月より京都光華女子大学講師。専門分野は食教育、栄養教育、学校給食。お茶の水女子大学生活科学部食物栄養学科を卒業し、同大学大学院博士前期課程を修了。その後、自由の森学園中学校・高等学校に勤務。2015年関西に移住し、子育てをしながら学校給食の研究を継続する。2019年東京学芸大学大学院連合学校教育学研究科博士後期課程（埼玉大学配置）に進学、2022年3月博士（教育学）を取得。滋賀県高島市にて栄養教諭として働き、埼玉大学教育学部研究活動従事者を経て現在に至る。

給食を通じた教育で子どもたちが学んだこと

――旧久美浜町・川上小学校の“給食教育”が残したもの

2024年3月5日　第1刷発行

著　者　和井田　結佳子

発行所　一般社団法人　農山漁村文化協会

〒335-0022　埼玉県戸田市上戸田2丁目2-2

電　話　048(233)9351(営業)　048(233)9376(編集)

F A X　048(299)2812　振替00120-3-144478

U R L　https://www.ruralnet.or.jp/

ISBN978-4-540-23165-0

〈検印廃止〉

DTP制作／(株)農文協プロダクション

印刷・製本／TOPPAN(株)

定価はカバーに表示

乱丁・落丁本はお取り替えいたします。